Cómo defender el jardín de parásitos y otras enfermedades

A pesar de haber puesto el máximo cuidado en la redacción de esta obra, el autor o el editor no pueden en modo alguno responsabilizarse por las informaciones (fórmulas, recetas, técnicas, etc.) vertidas en el texto. Se aconseja, en el caso de problemas específicos —a menudo únicos— de cada lector en particular, que se consulte con una persona cualificada para obtener las informaciones más completas, más exactas y lo más actualizadas posible. EDITORIAL DE VECCHI, S. A. U.

© Editorial De Vecchi, S. A. 2018
© [2018] Confidential Concepts International Ltd., Ireland
Subsidiary company of Confidential Concepts Inc, USA
ISBN: 978-1-64461-079-4

El Código Penal vigente dispone: «Será castigado con la pena de prisión de seis meses a dos años o de multa de seis a veinticuatro meses quien, con ánimo de lucro y en perjuicio de tercero, reproduzca, plagie, distribuya o comunique públicamente, en todo o en parte, una obra literaria, artística o científica, o su transformación, interpretación o ejecución artística fijada en cualquier tipo de soporte o comunicada a través de cualquier medio, sin la autorización de los titulares de los correspondientes derechos de propiedad intelectual o de sus cesionarios. La misma pena se impondrá a quien intencionadamente importe, exporte o almacene ejemplares de dichas obras o producciones o ejecuciones sin la referida autorización». (Artículo 270)

Magali Martija-Ochoa

CÓMO DEFENDER EL JARDÍN DE PARÁSITOS Y OTRAS ENFERMEDADES

ÍNDICE

Prefacio 11

Introducción 13

DESCRIPCIÓN DE LAS ENFERMEDADES Y DE LAS PLAGAS

La especie humana y los parásitos: una larga historia 17

¿Qué es un parásito? 20
Definición. 20
Las bacterias 20
Los virus 24
Los hongos 26
Los parásitos y las plagas animales 33

LOS MÉTODOS DE LUCHA CONTRA LOS PARÁSITOS Y LAS PLAGAS DEL JARDÍN

La preparación del suelo 61
Conocer la naturaleza del suelo 61
Los fertilizantes. 63
El drenaje 65

Los diferentes métodos de lucha fitosanitaria. 66
Técnicas de cultivo, mecánicas y físicas 66
La lucha biológica 66
Los organismos beneficiosos 67
La lucha química 72
Los fungicidas. 73
La lucha contra las bacterias y los virus. 75
La asociación de cultivos 75

CÓMO DEFENDER EL JARDÍN DE PARÁSITOS Y OTRAS ENFERMEDADES

¿Cómo utilizar los productos fitosanitarios? 76
¿Qué herramientas utilizar? 77
¿Cuándo y cómo realizar los tratamientos? 77

Cómo alejar las plagas y los parásitos de las plantaciones 78

LISTAS TÉCNICAS POR ESPECIES

Las principales plagas y enfermedades del huerto 84
Apiáceas (Umbelíferas) 84
Asteráceas (Compuestas) 85
Brasicáceas (Crucíferas) 86
Bulbos y pseudobulbos 88
Cucurbitáceas 89
Fabáceas (Leguminosas) 90
Quenopodiáceas 91
Rosáceas 91
Solanáceas 92

Las principales plagas y enfermedades de los árboles frutales ... 96
Actinidiáceas 96
Cítricos 96
Rosáceas 96

Las principales plagas y enfermedades de las plantas ornamentales .. 102
Adelfa 102
Alhelí 102
Altramuz 102
Anémona 102
Azalea 103
Azucena 103
Begonia 104
Boca de dragón 104
Bonetero 104
Brezo 104
Camelia 104
Coronados 105
Crisantemo 105
Dalia 105
Espino de fuego 105
Fresia 105
Fucsia 105
Geranio 106
Gladiolo 106
Glicina 106

ÍNDICE

Guisante de olor	106
Heléboro	107
Helechos	107
Hiedra	107
Hortensia	107
Iris	108
Jacinto	108
Lavanda	108
Lirio de los valles	109
Madreselva	109
Mahonia	109
Majuelo	109
Narciso	109
Pensamiento	110
Peonia	110
Petunia	110
Retama	110
Rododendro	110
Rosal	111
Tulipán	112
LAS PRINCIPALES PLAGAS Y ENFERMEDADES DE LOS ÁRBOLES ORNAMENTALES	113
Abedul	113
Abeto	113
Agracejo	114
Albizia	114
Alerce	114
Arce	114
Avellano	114
Boj	115
Carpe	115
Castaño	115
Castaño de Indias	115
Catalpa	116
Chopo	116
Ciprés	117
Enebro	117
Fresno	117
Haya	117
Lauroceraso	117
Mimosa	118
Olmo	118
Pino	119
Plátano	119
Prunus	119
Roble y encina	120

CÓMO DEFENDER EL JARDÍN DE PARÁSITOS Y OTRAS ENFERMEDADES

Sauce 120
Tilo 120
Tuya 120

PROPUESTAS PARA UN JARDÍN RÚSTICO 122

ÍNDICE DE PARÁSITOS Y PLAGAS 123

EL JARDÍN EN EDITORIAL DE VECCHI 126

PREFACIO

Descubrir la naturaleza es comprender sus leyes, conocer bien su mecanismo. Su funcionamiento no puede resultarnos indiferente, ya que es el entorno donde se ha llevado a cabo la evolución de la especie humana. Las personas deberíamos aprender de ella alguna cosa cada día, pero no verdades fijas y absolutas.

Esta naturaleza en perpetua evolución es la que nos muestra Magali Martija-Ochoa en este libro.

Conocer los parásitos y comprender sus modos de vida son parámetros esenciales para limitar su propagación. El parasitismo responde a un tipo de selección propia de la naturaleza. Generación tras generación, los parásitos han ido y van evolucionando.

Observar el entorno y el de las especies vegetales puede resultar una fuente de información y de placer considerables. A través de esta observación podemos constatar cómo el reino vegetal se protege y cómo podemos protegerlo, de manera que el jardinero que hay en todos nosotros obtenga una gran satisfacción.

Esto es lo que nos propone este libro… Aprovechemos, pues, esta lectura para encender nuestra linterna y volver a descubrir los medios naturales de protección de los vegetales, esos vegetales que los seres humanos cultivan para su propia satisfacción.

GÉRARD BARBOT
Profesor de la escuela Du Breuil

INTRODUCCIÓN

El progreso de la ciencia es tan extraordinario que, en España, se comercializan, para tratar el jardín contra los parásitos y otros organismos perjudiciales, por lo menos, cuatrocientas materias activas bajo cuatrocientas formulaciones distintas. Por lo tanto, el jardinero aficionado sólo debe preocuparse de saber escoger cuál es la que más le conviene. Y para esto deberá tener unos serios conocimientos específicos.

Aprender a reconocer los daños causados por un hongo o por un insecto es una labor tan difícil como gratificante para el que se interesa por la vida y la salud de su jardín. El reconocimiento de los parásitos exige varios años de práctica y requiere, por parte del jardinero, un ejercicio de humildad. Una de las primeras acciones concretas para empezar consiste en proveerse de una lupa o de un cuentahilos, que tendremos siempre a mano cuando estemos en el jardín. Este instrumento resulta imprescindible para identificar estos pequeños organismos que miden unos pocos milímetros (o incluso menos...).

La lucha fitosanitaria es una de las mayores preocupaciones del jardinero: además del efecto antiestético que provocan las plagas y las enfermedades, provocan daños irreversibles que comprometen la cosecha de las verduras, las hortalizas, la fruta recolectada o la floración de los rosales. Y debemos reconocer que, la mayoría de las veces, estamos tentados de pulverizar con el primer producto que tengamos a mano y que nos garantice la total destrucción de los parásitos.

Sin embargo, hay formas y maneras de combatirlos... Sin entrar en temas polémicos, conviene saber que los insecticidas y los fungicidas de síntesis son nefastos para el medio ambiente, y el jardinero debe ser el primero en dar ejemplo en materia de ecología, ya que el jardín forma parte de la secuencia ecológica natural, y es un lugar donde pueden habitar la fauna y la flora en un equilibrio armónico.

En la actualidad, los especialistas fitosanitarios, los investigadores, las empresas comerciales y los legisladores evolucionan en este sentido y reconocen la necesidad de la lucha integrada. Esta nueva manera de actuar explota la totalidad de las técnicas disponibles para eliminar las plagas y las enfermedades limitando al máximo el uso de productos químicos, dejándolos para los casos de urgencia o de absoluta necesidad.

Esta obra describe las plagas y las enfermedades del jardín desde este punto de vista y ayuda a reconocerlas, a la vez que muestra distintos métodos de lucha (a través de cultivos, biológicos o químicos) que se pueden emplear.

DESCRIPCIÓN DE LAS ENFERMEDADES Y DE LAS PLAGAS

LA ESPECIE HUMANA Y LOS PARÁSITOS: UNA LARGA HISTORIA

Del griego parásitos, *«que come cerca o con»*
*(*para, *«al lado»;* sitos, *«que come, se alimenta»)*

Desde que el ser humano descubrió la agricultura, estableció una estrecha relación con el mundo vegetal (para su propia supervivencia), pero también con aquel pequeño insecto que encontró sobre uno de sus cultivos y que, evidentemente, aplastó con sus dedos para deshacerse de él. Así comienza la historia del ser humano y el parásito.

Según el Antiguo Testamento, los parásitos y las enfermedades de las plantas representaban un castigo divino: «las plagas de las plantas han sido enviadas sobre la tierra para castigar a la humanidad pecadora». Desde muy antiguo se ha relacionado estrechamente el mundo de lo infinitamente pequeño con el mundo divino. Así, los romanos consagraron, durante más de setecientos años, un culto bastante bárbaro al dios Robigus, que se celebraba anualmente el 25 de abril, para proteger los cultivos de los ataques repetidos de roya: las ofrendas consistían en atar antorchas a la cola de zorros o perros que simbolizaban la rapidez de la roya y que eran sacrificados para apaciguar la cólera del dios.

Más tarde, se expandieron diversas interpretaciones, bastante fantasiosas, en la Edad Media, según las cuales las enfermedades vegetales provenían de una potencia cósmica.

En 1120, el obispo de Laon procedió a la excomunión de las cochinillas[1]. Hasta hace más de un siglo, se rezaba con devoción o se recurría a prácticas de brujería para hacer desaparecer los responsables de las plagas que llegaban a destruir cosechas enteras (el escarabajo de la patata, enemigo principal de esta hortaliza, provocó, en el siglo XIX, en Irlanda, una hambruna que causó la muerte a más de un millón de personas).

Si bien muchos autores no cesaron de escribir sobre la existencia de parásitos animales y vegetales, transcurrirá mucho tiempo hasta que se estudien estas plagas científicamente, contentándose, generalmente, con considerar los parásitos desde un punto de vista empírico.

---

1. *La Phytopharmacie française, chronique historique de Lhoste y Grison,* de Inra, 1989.

CÓMO DEFENDER EL JARDÍN DE PARÁSITOS Y OTRAS ENFERMEDADES

INSECTOS... ¡A PORRILLO!

La recolección de insectos es una tarea que se inscribe dentro de una antigua tradición.
Para estas labores se servían de los pobres.
En plena noche, con un linterna, recogían los gorgojos y los gusanos blancos, las orugas...
Durante la segunda guerra mundial, todavía se recogían a mano los escarabajos de la patata...

En el siglo XVII, Joseph Pitton de Tournefort, botánico eminente, en su obra *Observations sur les maladies des plantes* («Observaciones sobre las enfermedades de las plantas»), dividió las enfermedades en dos grupos, uno según las causas externas (climáticas) y otro según las causas internas (circulación de la savia).

Sin embargo, hasta el siglo XVIII, básicamente gracias a la invención del microscopio, no se descubrirá la existencia de formas vivientes que se desarrollan a expensas de otros organismos.

Esta es la definición que da Jean-Jacques Rousseau de los parásitos en su *Dictionnaire de botanique* («Diccionario de botánica»): «Plantas que nacen, o crecen sobre otras plantas y se alimentan de sus sustancias».

Sin embargo, la verdadera revolución fue la iniciada por Louis Pasteur, quien, gracias a sus descubrimientos sobre la penicilina, modificó, por una parte, los conceptos médicos en lo que corresponde al ser humano, y por otra sirvió también a la fitofarmacia.

A finales del siglo XIX se comenzaron a utilizar el azufre (como ya lo preconizó Homero), la nicotina y el arsénico para combatir los parásitos. Con el empleo de estas sustancias podemos afirmar que se acababan de crear las nociones de insecticida y de fungicida.

Después de la segunda guerra mundial, se desarrolló una importante industria fitosanitaria, con claros objetivos financieros, que puso a la disposición de los agricultores gamas infinitas de productos.

A pesar de ello, hemos de tener en cuenta que cuidar un jardín es aprender a conocerlo y tener presente en todo momento que es la síntesis ecológica de miles de seres vivos.

El ser humano, al hacerse agricultor, provoca un desequilibrio entre las plantas y sus parásitos naturales:

— por una parte, concentrando unas mismas especies sobre una superficie más o menos extensa;
— por otra, desplazando las especies vegetales de sus lugares de origen;
— finalmente, seleccionando las plantas sin incrementar su resistencia a un medio determinado.

LA ESPECIE HUMANA Y LOS PARÁSITOS: UNA LARGA HISTORIA

Al principio del tercer milenio, la naturaleza, constantemente modificada por el hombre, ha sufrido transformaciones radicales:

— la flora se ha empobrecido;
— algunas plagas, totalmente erradicadas por los productos químicos, ceden su lugar a otros parásitos todavía más peligrosos;
— algunas especies desarrollan resistencias;
— algunos organismos beneficiosos han sido diezmados.

De este modo, para respetar el equilibrio vegetal y animal en la Tierra, el jardinero debe cuidar de su jardín sabiendo que existen soluciones que, en un plazo más largo o más corto, son nefastas para el medio ambiente, y otras, llamadas biológicas, que son menos nocivas.

Por esto nos esforzaremos en dar el mayor número posible de consejos sobre prevención y optaremos, en lo posible, por la lucha biológica antes que por la lucha química.

¿QUÉ ES UN PARÁSITO?

Definición

Consideraremos *parásito* a todo virus, hongo o insecto que se desarrolle a expensas de un vegetal, sin extraer tejido, tomando una parte del material del organismo para asegurar su desarrollo y la supervivencia de su especie. A través de un proceso de estimulación local, el parásito libera sustancias tóxicas que perjudican el crecimiento de la planta.

Un organismo *fitófago* (de *phyto*, «planta», y *phage*, «comer») es aquel que se nutre de la planta, extrayendo parte del tejido vegetal para asegurar su supervivencia.

Por ejemplo, el pulgón es un parásito, y el caracol, un devastador fitófago.

Clasificaremos las enfermedades provocadas por parásitos según su origen:
— enfermedades bacterianas;
— enfermedades víricas;
— enfermedades criptogámicas (causadas por hongos).

Los parásitos y los animales fitófagos, que se agrupan generalmente bajo la denominación de «plagas», corresponden a dos categorías:
— invertebrados (moluscos, insectos...);
— vertebrados (aves, mamíferos...).

Agrupamos bajo el término «parásitos no específicos» a todos aquellos parásitos y fitófagos susceptibles de atacar a distintas especies vegetales. Los «parásitos específicos» son, por el contrario, parásitos o fitófagos que ocasionan daños a una sola especie vegetal. El límite entre estas dos acepciones es difícil de establecer: a pesar de ser específico, un parásito también puede atacar a plantas de la misma familia. Por ejemplo, la mosca del puerro también puede atacar al ajo, el cebollino o a la cebolla.

Las bacterias

Descripción

Descubiertas en 1675 por Van Leeuwenhoek, las bacterias son, probablemente, los primeros organismos que aparecieron sobre la Tierra y los únicos que no han experimentado una evolución radical. Las bacterias forman parte del reino de los

¿QUÉ ES UN PARÁSITO?

procariotas. Están formadas por una sola célula, y su forma, por lo que respecta a las bacterias fitopatógenas, recuerda a un bastoncillo: son los llamados bacilos. Además, las bacterias no tienen un núcleo diferenciado del citoplasma[2]. El tamaño de una bacteria es de aproximadamente 1 micra (μ), es decir, 10^{-6} metros. La cápsula de la célula se halla formada por una pared rígida.

Las bacterias se desarrollan dentro de las células de las plantas. Pueden no ser específicas, como por ejemplo el tumor o agalla del cuello o *crown gall* provocado por el *Agrobacterium tumefaciens*, que puede atacar a más de setenta especies, o las podredumbres bacterianas de los tubérculos, bulbos o rizomas que producen daños a los iris, a los aros, a las orquídeas. Otras, por el contrario, son completamente específicas.

Los factores de propagación

La dispersión de las bacterias fitopatógenas se efectúa por medio de la especie humana que puede utilizar, sin saberlo, semillas o esquejes previamente infectados. Conviene, pues, utilizar solamente semillas y material vegetal certificado.

El viento y el agua de lluvia también son factores que favorecen su desarrollo.

Las bacterias se introducen en la planta o en el árbol por las aberturas naturales del vegetal, por las heridas, naturales o artificiales (cicatrices foliares, heridas resultantes de labores de cultivo), o después de accidentes meteorológicos o climáticos (granizo, helada). Estas bacterias resisten hasta el cero absoluto (−273 °C); sin embargo, son muy poco resistentes a las temperaturas altas, por lo que los profesionales no dudan en utilizar la técnica de la pasteurización. Las condiciones favorables para su desarrollo son el calor y la humedad en el suelo.

Los abonos minerales incrementan su capacidad de desarrollo, contrariamente a los abonos cálcicos. Conviene destacar que la interacción entre las bacterias y los animales es muy importante: en la mayoría de los casos son los insectos como los trips, las moscas blancas, las abejas, los coleópteros o las moscas los que hacen de transmisores de las enfermedades y las llevan de una planta a otra.

Se calcula que son aproximadamente unas doscientas cincuenta especies de bacterias las que pueden provocar daños en las plantas. Provocan necrosis, marchitamientos, podredumbres blandas, tumores o malformaciones.

Los métodos de lucha

MEDIANTE TÉCNICAS DE CULTIVO

— Disponer de un suelo equilibrado.
— Desinfectar el suelo con vapor (método será aplicado por profesionales).
— Realizar un programa de fertilización equilibrado.
— Trabajar con herramientas limpias (desinfectar con lejía o con formol).

---

2. Característica de los organismos procariotas.

CÓMO DEFENDER EL JARDÍN DE PARÁSITOS Y OTRAS ENFERMEDADES

— Escoger las especies más resistentes (*Pyracantha* Saphyr®[3], que es resistente al fuego bacteriano).

LOS MÉTODOS QUÍMICOS

Desgraciadamente, existen muy pocos productos orgánicos de síntesis capaces de matar las bacterias fitopatógenas; entre los productos llamados «biológicos», el cobre puede neutralizar una bacteria sin llegar a destruirla.

Los antibióticos no se pueden utilizar ya que, en la mayoría de los casos, presentan características fitotóxicas para las plantas ornamentales y además son poco accesibles para el jardinero aficionado.

Las principales enfermedades bacterianas

EL TUMOR DEL CUELLO Y RAÍCES

El tumor del cuello y raíces, o *crown gall*, perjudica a numerosas especies vegetales, exceptuando la familia de las gramíneas. Se trata, en cierto modo, de un tumor maligno; se manifiesta por la aparición de excrecencias e hinchazones blancas a la altura del cuello que, poco a poco, se van pudriendo y ennegreciendo. El proceso de putrefacción puede acelerar la muerte del vegetal. El tumor del cuello y raíces se introduce siempre debido a una herida.

LOS MÉTODOS DE LUCHA

Son sobre todo a través de formas de cultivo:
— destruir las plantas afectadas;
— efectuar una rotación de cultivos larga;
— mantener los vegetales sanos, sin heridas;
— también se pueden suprimir los tumores mediante cirugía y aplicar una solución ligeramente alcohólica después de la intervención.

Además, es necesario actuar contra los nematodos, las larvas de gusanos blancos y de gusanos de alambre que facilitan la introducción de esta bacteria.

Un método de lucha biológica, todavía inaccesible para los aficionados, consiste en la utilización de una cepa bacteriana que produce un antibiótico.

LA MARCHITEZ BACTERIANA

Puede afectar a una cantidad considerable de especies vegetales (dalia, patatera, crisantemo, tomate...). La marchitez bacteriana se produce gracias a la transmisión de una bacteria por parte de los nematodos o por el suelo; su inoculación se ve facilitada por la presencia de heridas en las plantas. Los tejidos vasculares se pudren. La planta se atrofia y muere. Según las especies afectadas se aprecian unas manchas pardas con una aureola blanca sobre las hojas, tumores en el cuello,

---

3. El Instituto de Investigaciones Agrícolas/SAPHYR ha desarrollado unas cuantas variedades de Pyracantha Saphyr® resistentes al fuego bacteriano y al moteado.

¿QUÉ ES UN PARÁSITO?

podredumbre en los tubérculos... La marchitez bacteriana se ve favorecida por una temperatura suave y una humedad elevada.

LOS MÉTODOS DE LUCHA

Son esencialmente prácticas de cultivo:
— escoger ejemplares sanos;
— eliminar las plantas afectadas;
— desinfectar las herramientas de jardinería con alcohol;
— desinfectar el suelo (dirigirse a un especialista en tratamientos térmicos).

EL FUEGO BACTERIANO

El fuego bacteriano es una enfermedad altamente contagiosa y de difícil control que debe combatirse por todos los medios. Las yemas y los brotes tiernos se vuelven marrones, luego negros y caen. Parece que las hojas se hayan quemado. La enfermedad se extiende, sobre todo, en el momento de la floración.

LOS MÉTODOS DE LUCHA

Algunas prácticas de cultivo pueden impedir la aparición de esta bacteria:
— evitar suelos muy húmedos;
— destruir las plantas afectadas;
— de forma preventiva, aplicar un fungicida del tipo caldo bordelés para prevenir los ataques, y volver a aplicarlo en el momento de la floración.

Fuego bacteriano sobre ciruelo

LAS PODREDUMBRES BACTERIANAS DE LOS BULBOS

Se aprecia sobre los bulbos una podredumbre blanda que despide un fuerte olor. Los tallos se desgajan con facilidad, las hojas se tornan amarillas, aparecen zonas necróticas de color marrón que, a partir del pecíolo, invaden todo el limbo.

LOS MÉTODOS DE LUCHA

Antes de proceder a la plantación de los bulbos, es necesario verificar su estado y eliminar todos aquellos que estén afectados. La lucha química es preventiva y está reservada a los profesionales.

CÓMO DEFENDER EL JARDÍN DE PARÁSITOS Y OTRAS ENFERMEDADES

Los micoplasmas

DESCRIPCIÓN

Los micoplasmas no fueron descubiertos hasta el año 1967. A diferencia de las bacterias, su pared no es rígida.

LOS FACTORES DE PROPAGACIÓN

Los insectos, y sobre todo las cigarras, son factores de micoplasmas. Estos se transmiten por contacto durante las operaciones de multiplicación.

Actualmente, se conocen varios centenares de micoplasmas, entre los cuales destaca el famoso Stolbur, que ataca a la familia de las Solanáceas, en particular. Los síntomas son, generalmente, los siguientes: clorosis, enanismo, madera sin lignificar, escobas de bruja[4], coloración anormal[5].

LOS MÉTODOS DE LUCHA

Sobre todo son accesibles a los profesionales.

Se utilizan los tratamientos térmicos[6], especialmente para los esquejes y las plántulas. Los investigadores intentan producir plantas sanas.

También se intenta combatir los insectos, que propagan los micoplasmas.

Los virus

Descripción

Los virus son organismos de tamaño muy pequeño, ya que miden entre 200 y 2.000 nanómetros. Su forma es variada: tanto de bastón como de poliedro. Están formados por una cápside que protege el material genético, el ARN (ácido ribonucleico), y además son parásitos obligados de las células vivas. El filamento de ARN se introduce en el citoplasma y desorganiza el desarrollo normal de las células transmitiendo informaciones, a partir de las cuales se producen los materiales básicos de los virus. De esta forma, en pocas horas, se producen millones de partículas víricas que impiden al vegetal seguir desarrollándose de una forma normal.

Los vegetales afectados por las virosis manifiestan los síntomas siguientes:

- En los tallos:
— raquitismo;
— deformaciones;
— necrosis.

4. Rama sin hojas que manifiesta la presencia de parásitos o enfermedades criptogámicas.
5. Cambio de color anormal de uno o varios órganos de la planta.
6. Tratamiento por calor destinado a combatir los virus, micoplasmas, hongos, etc.
7. Hierbas que crecen por sí solas en un lugar determinado.

¿QUÉ ES UN PARÁSITO?

- En las hojas:
— clorosis (amarilleo);
— manchas en mosaico;
— manchas abigarradas;
— hojas crispadas;
— hojas enrolladas;
— formación de ampollas o celdillas.

- Sobre las flores:
— matizados (en los siglos XVII y XVIII, los matizados eran muy valorados y se desconocía que eran síntomas de una enfermedad vírica);
— flores deformadas;
— botones florales abortados.

Los virus se mantienen en el suelo, en los vegetales vivos, en las semillas, en las plantas vivaces y en algunos animales.

Los factores de propagación

Los virus se propagan:
— por las herramientas de cultivo;
— en el suelo, a través de nematodos y hongos;
— en el aire, por medio de ciertos insectos como los pulgones o los ácaros.

Los métodos de lucha

MEDIANTE TÉCNICAS DE CULTIVO
— Desinfectar el suelo.
— Eliminar las malas hierbas.
— Combatir los insectos que actúan como factores (cubriendo los cultivos con láminas de plástico aislantes que impidan a los insectos posarse en el suelo).
— Desinfectar las herramientas con alcohol de 90°.
— Aplicando tratamientos térmicos.

Un ejemplo de virus: el mosaico

El virus del mosaico se reconoce por las manchas en forma de V repartidas por el limbo.

Las hojas se deforman, se crispan, se tornan amarillas y caen. La planta degenera y muere.

La transmisión queda asegurada a través de los nematodos; por lo tanto, es necesario combatirlos para evitar la aparición de esta enfermedad. Evidentemente, también es necesario suprimir las plantas enfermas. Existe la posibilidad de realizar un tratamiento, pero queda reservado a los profesionales.

 CÓMO DEFENDER EL JARDÍN DE PARÁSITOS Y OTRAS ENFERMEDADES

Los hongos

Descripción

Son los causantes de la mayoría de las enfermedades criptogámicas. Los hongos no producen clorofila y los que no son saprófitos y se alimentan de restos de vegetales muertos, parasitan vegetales vivos como sistemas de vida para asegurar su supervivencia; su aparato vegetativo está formado por un micelio que asimila la materia orgánica fijándose al organismo huésped mediante un órgano chupador. Por lo tanto, los hongos se clasifican en saprófitos, si se hallan en el suelo y utilizan materia orgánica en descomposición, o bien en endófitos, si se hallan en las plantas. Los hongos se propagan liberando esporas. Estas pueden incubarse en la planta durante varios años antes de que se pueda apreciar ningún síntoma visible.

Los factores de propagación

La humedad favorece en gran modo la aparición de hongos (con la excepción del oídio, o mal blanco, tan corriente).

La penetración del micelio puede verse propiciada por heridas (naturales o accidentales), el monocultivo, la densidad de plantación, los cultivos bajo invernadero, la producción de plantas nuevas que, al cultivarlas de forma intensiva, se hallan en condiciones delicadas.

El hongo produce enzimas que provocan, por la digestión de los tejidos vegetales:

a) las *podredumbres húmedas* (disolución del citoplasma). Provocan una degeneración rápida del vegetal;

b) las *podredumbres secas*: el vegetal se deshidrata y las hojas se colorean dependiendo del tipo de hongo;

c) las *necrosis*:
— las *raíces* se marchitan (obstrucción de los vasos, marchitez irreversible de las hojas);
— el *color de las hojas* se modifica, el limbo se torna clorótico por la destrucción de la clorofila;
— las *malformaciones*;
— los *chancros*.

Se reconoce el hongo por las costras, las granulaciones y las erosiones que aparecen en el vegetal. También por la presencia de un polvo negro que libera esporas. Este polvo puede quedar dentro del limbo y ser sólo visible por transparencia.

La *roya* aparece bajo la forma de pústulas pulverulentas en el envés de la hoja.

La presencia de algunos hongos se manifiesta, unas veces, por la aparición, bajo la corteza del árbol, de un conjunto de filamentos: se trata del micelio del hongo, de color blanco. Otras veces, es la aparición de órganos de fructificación como los de *Armillaria mellea*, lo que delata su presencia.

¿QUÉ ES UN PARÁSITO?

Las principales enfermedades criptogámicas

EL MAL DEL CUELLO

La *Phytophtora* es un hongo que causa numerosas pérdidas. Se mantiene en el suelo y se desarrolla rápidamente en agua estancada y cuando la temperatura del ambiente se halla entre los 15-20 °C. El agua y los seres humanos constituyen los factores de propagación. El hongo se fija a la planta por las heridas existentes en el cuello o en las raíces superficiales.

La propagación también se efectúa a través de vectores animales como algunos nematodos.

LOS SÍNTOMAS Y LOS DAÑOS

En la parte aérea de la planta, las hojas se decoloran (adquieren tonalidades pardas o amarillas), y la planta se marchita, como si le faltara agua.

En el cuello podemos constatar una podredumbre de color marrón parduzco. El sistema radical se ve seriamente afectado y acompañado de chancros.

Este hongo afecta especialmente a los brezos, a las coníferas ornamentales, a los rododendros, a los falsos cipreses y a las azaleas.

LOS MÉTODOS DE LUCHA

- Lucha por técnicas de cultivo:
— evitar la presencia de agua encharcada;
— limitar las heridas, sobre todo en el cuello;
— quemar los árboles o los vegetales afectados.

- Lucha química:
— un tratamiento sistémico a base de Aliette (a base de Fosetil-Al) permite combatir la podredumbre en las raíces y en el cuello. Se aplica de marzo a octubre.

EL MAL BLANCO U OIDIO

Bajo esta denominación genérica se hallan varios hongos emparentados entre sí (*Erysiphe, Phyllactinia, Sphaerotheca, Microsphaera, Oidium...*). Estos hongos afectan a un gran número de vegetales. Los síntomas son fácilmente reconocibles: sobre las hojas se observan manchas características, como una telaraña blanca (micelio) que se extiende progresivamente sobre el conjunto de la planta. Si esta no se trata perece, los capullos florales abortan y las flores abiertas se secan. Las hojas sufren deformaciones (hinchazones y perforaciones).

Al contrario que los demás hongos, el mal blanco u oídio se desarrolla favorecido por el ambiente seco y cálido.

LOS MÉTODOS DE LUCHA

- Forma de cultivo:
— evitar los suelos ricos en nitrógeno;
— evitar las plantaciones demasiado densas.

CÓMO DEFENDER EL JARDÍN DE PARÁSITOS Y OTRAS ENFERMEDADES

- Lucha biológica:
  — la cola de caballo es un anticriptogámico natural que se utiliza previa decocción;
  — el azufre es un potente fungicida que elimina el oídio. En los comercios se encuentran preparaciones solubles a base de flor de azufre. Se puede aplicar de marzo a octubre. Sin embargo, hay que tener cuidado, ya que el azufre puede resultar fitotóxico, a altas dosis, y producir quemaduras en las plantas.

- Lucha química:
  — existen al alcance de los jardineros aficionados varios preparados de fungicidas sistémicos, como por ejemplo, los que son a base de miclobutanil.

LAS ROYAS

Tanto si las royas son pardas, anaranjadas, amarillas o negras, siempre se caracterizan por la presencia de pústulas pulverulentas en las que se agrupan las esporas de estos hongos, que se desarrollan sobre un gran número de especies vegetales. Estas pústulas se localizan, generalmente, en el envés de la hoja y sobre los tallos. La disposición de estas esporas puede estar organizada de forma regular, concéntrica, o de forma más aleatoria, como ocurre sobre la mahonia.

Aparecen unas manchas amarillo-anaranjadas que se distribuyen sobre el haz del limbo foliar, y luego caen las hojas. La planta se debilita cada vez más.

Podemos distinguir las royas heteroicas (la de la anémona y del rosal), que requieren dos huéspedes para desarrollarse, de las autoicas, que hacen su ciclo sobre una misma planta.

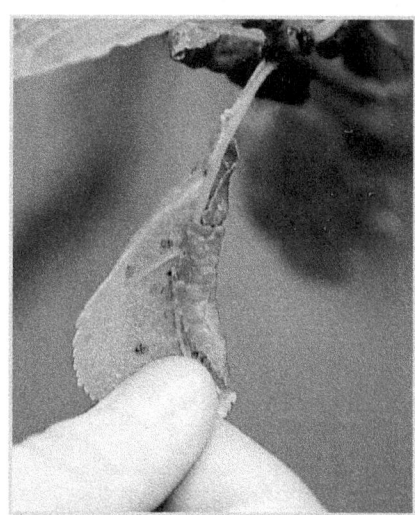

Roya y pulgones en un frutal

LOS MÉTODOS DE LUCHA

- Lucha biológica:
  — decocción a base de cola de caballo.

- Lucha química:
  — tratamiento fungicida preventivo a base de mancozeb;
  — fungicida a base de propiconazol o triforina.

LA PODREDUMBRE DE LOS SEMILLEROS

Esta enfermedad afecta únicamente a los semilleros y a los esquejes. A la altura del cuello, sobre las plántulas jóvenes, aparece una podredumbre húmeda. La parte aérea de la plántula cae y la podredumbre invade el semillero. En los esquejes se detecta la presencia de manchas negras que provocan rápidamente su muerte.

¿QUÉ ES UN PARÁSITO?

LOS MÉTODOS DE LUCHA

- Lucha preventiva:
— utilizar siempre semillas sanas;
— efectuar las siembras sobre substratos sanos o previamente desinfectados;
— incorporar al suelo un fertilizante que contenga nitrógeno y potasio así como carbón vegetal en polvo;
— regar moderadamente.

EL MILDIU

Se trata de una enfermedad bastante frecuente en los años de lluvias intensas y que afecta a un gran número de especies vegetales. Este hongo invierna sobre las plantas o los tubérculos que permanecen en el suelo. Se propaga por los estomas, y los nuevos tubérculos se contaminan a través del agua de lluvia. La humedad y el calor favorecen la diseminación de este hongo.

Sobre el follaje aparecen manchas pardas. En el envés se aprecia la presencia de un moho blanco, la hoja se seca o se pudre. Los tubérculos o los frutos, según la especie atacada, se pudren también.

LOS MÉTODOS DE LUCHA

- Lucha preventiva:
— para limitar la aparición de este hongo se pueden realizar tratamientos con caldo bordelés, haciendo una aplicación cada dos o tres semanas. También se puede utilizar un fungicida de síntesis a base de zineb y maneb;
— la cola de caballo, potente fungicida, se puede aplicar en decocción;
— en cuanto a la asociación de cultivos se debe evitar plantar tomates, patatas y berenjenas, unas cerca de otras: todas estas especies pertenecen a la misma familia y son muy sensibles a la enfermedad.

LA NEGRILLA

Este hongo forma una capa negra que recubre prácticamente todo el limbo y que, en el peor de los casos, parece hollín. Aparece después de un ataque de pulgones y se desarrolla sobre la melaza segregada por los pulgones y por las cochinillas. A pesar de resultar antiestética no provoca grandes daños en las plantas afectadas.

En efecto, la negrilla no penetra en los tejidos foliares y no perjudica la circulación de la savia, sin embargo, impide el paso de la luz solar y la fotosíntesis.

LOS MÉTODOS DE LUCHA

- Lucha preventiva:
— consiste en evitar la aparición de pulgones (véase pág. 41).

- Lucha por técnicas de cultivo:
— es bastante sencilla: limpiar con agua y jabón (o cualquier disolución con un detergente lavavajillas) las hojas invadidas por la melaza y la negrilla.

CÓMO DEFENDER EL JARDÍN DE PARÁSITOS Y OTRAS ENFERMEDADES

LA PODREDUMBRE GRIS O BOTRYTIS CINEREA

Se trata de un hongo muy común y que afecta a un gran número de especies ornamentales, hortícolas y frutales.

Su aparición se manifiesta por:
— pequeñas manchas sobre los pétalos de las flores (exactamente como si la flor hubiera sufrido picaduras);
— un moho gris y aterciopelado sobre los botones florales, las flores y los frutos;
— manchas sobre las hojas;
— al sacudir la planta se liberan multitud de esporas;
— se presenta como una tela de araña, sobre el suelo o el substrato, formada por filamentos blanquecinos que se van extendiendo, invaden las plantas y producen la muerte del semillero o la podredumbre de los tallos.

Botrytis sobre rosal. Las pequeñas picaduras sobre los pétalos son características de la podredumbre gris

LOS FACTORES DE PROPAGACIÓN

— Tiempo lluvioso.
— Plantas situadas demasiado a la sombra.
— Ambiente cálido y húmedo.
— Rotación de cultivos demasiado larga.

LOS MÉTODOS DE LUCHA

• Lucha por técnicas de cultivo:
— evitar los aportes de fertilizante demasiado ricos en nitrógeno;
— abonar el suelo con minerales pulverizados, algas calizas o corteza de pino;
— plantar ajos entre los cultivos sensibles;
— arrancar las plantas afectadas y quemarlas.

• Lucha química:
— la podredumbre gris sólo puede ser combatida de forma preventiva con fungicidas a base de iprodiona, de benomilo o de vinclozolina. Aplicar dos veces el tratamiento en un intervalo de diez o quince días a partir de la floración.

LA PODREDUMBRE BLANCA O SCLEROTINIA SCLEROTIORUM

Se trata de un hongo muy extendido, conocido también como «el mal del esclerocio». Puede atacar todo tipo de plantas. Se manifiesta con manchas de aspecto oleoso sobre las hojas.

¿QUÉ ES UN PARÁSITO?

La planta se marchita y se cubre de un moho blanco que se llena de gránulos negros. En determinadas ocasiones, unas pequeñas gotas amarillentas fluyen ocasionalmente de los esclerocios (son los esclerocios los que aseguran la supervivencia del hongo. Este puede sobrevivir en el suelo durante varios años). Sin tratamiento, la planta se pudre muy rápidamente.

LOS FACTORES DE PROPAGACIÓN

— Suelos demasiado ligeros.
— Humedad elevada.

LOS MÉTODOS DE LUCHA

- Preventivos:
— decocción de cola de caballo (*Equisetum*);
— asegurar una correcta rotación de cultivos;
— no enriquecer excesivamente el suelo con materia orgánica;
— destruir las plantas afectadas.

- Lucha química:
— aplicación de un fungicida a base de iprodiona, de benomilo o de vinclozolina y renovar el tratamiento diez días más tarde.

LAS PODREDUMBRES (ARMILLARIA MELLEA, ROSELLINIA NECATRIX)

Afectan a los árboles ornamentales y a los rosales, las peonias, etc.

Estos hongos parasitan primero el sistema radical del árbol sin que se detecte ningún síntoma en la parte aérea. Y no es hasta que han parasitado toda la parte subterránea, que el árbol puede mostrar un follaje menos denso, ramillas secas

Hongo yesquero (fructificación de una podredumbre)

CÓMO DEFENDER EL JARDÍN DE PARÁSITOS Y OTRAS ENFERMEDADES

al final de las ramas, amarilleo del follaje, e incluso su caída brusca. Si levantamos ligeramente la corteza, observamos el micelio blanco del hongo, dispuesto en abanico, y los característicos cordones negros (rizomorfos) responsables de la dispersión. El árbol huele a hongo. Si el hongo fructifica, lo cual no sucede siempre, observaremos unas setas magníficas en la base del tronco.

LOS MÉTODOS DE LUCHA

Generalmente, cuando el diagnóstico ya se ha emitido, es demasiado tarde para salvar el árbol. Las soluciones para realizar un tratamiento son demasiado radicales: hay que talar el árbol, arrancar la cepa y proceder a la extracción de las raíces enfermas. Para evitar una rápida propagación de este hongo, hay que cavar alrededor del emplazamiento del árbol una zanja de 50 a 80 cm de profundidad que aislará el hongo de los otros árboles. Al cavar hay que disponer la tierra removida hacia el interior del círculo resultante.

EL CHANCRO COMÚN (NECTRIA GALLIGENA)

Aparecen abolladuras en el cuello de los árboles, en las ramas y las ramillas. Pueden rodear completamente la parte afectada y provocar la desecación de todas las ramas que se hallan encima del chancro.

LOS MÉTODOS DE LUCHA

• Lucha mediante técnicas de cultivo:
— cortar los chancros para suprimir la madera afectada y quemarla.

EL MUÉRDAGO, UN PARÁSITO EXTRAÑO...

¡Ningún parásito ha servido tanto para presagiar el destino de los humanos! Amuleto de la suerte, antiguamente lo cortaban los druidas con un hocino de oro y lo envolvían en sábanas blancas. Utilizado durante mucho tiempo como símbolo de la fecundidad, el muérdago acompaña desde siempre la historia de la humanidad.

Sin embargo, este hemiparásito, que realiza la fotosíntesis –es capaz de producir su propia clorofila–, produce grandes daños a los árboles. Es el muérdago blanco (*Viscum album*) el que crece en España y escoge como huéspedes a los manzanos, los chopos, los tilos, los arces...Sin embargo, no se instala nunca sobre las hayas. El muérdago fructifica en invierno en forma de bolas blancas que los pájaros –sobre todo los tordos– transportan de un árbol a otro. La semilla germina una vez se halla sobre la rama y se aferra al árbol mediante un garfio. Las primeras hojas aparecen un año más tarde. El muérdago chupa la savia gracias a unos órganos especiales, los haustorios, y agota el árbol. Para eliminar este parásito hay que arrancar las ramas y curar el lugar donde el haustorio se hallaba incrustado y cubrirlo con una pasta con poder fungicida.
Atención, los frutos son extremadamente tóxicos.

¿QUÉ ES UN PARÁSITO?

- Lucha química:
— aplicar en la herida un fungicida con cobre y cubrirlo con pasta tipo Pelton®.

LA ENFERMEDAD DEL CORAL

Este hongo se desarrolla en los tejidos lignificados y se constata rápidamente su presencia por la aparición de pequeñas manchas de color anaranjado en forma de medio círculo. La madera se vuelve de color rojo o marrón, según las especies.

LOS MÉTODOS DE LUCHA

- Lucha mecánica y por técnicas de cultivo:
— suprimir las partes afectadas.

- Lucha química:
— aplicar un fungicida cúprico.

Los parásitos y las plagas animales

Los nematodos

Los nematodos son gusanos microscópicos. Se desplazan mediante movimientos ondulantes o reptando y aprecian especialmente los ambientes acuáticos. Las larvas se pueden mantener en vida durante años. Los nematodos chupan los jugos de que se alimentan gracias a un estilete bucal. Según las especies viven:
— en el suelo: van a picar las raicillas o los bulbos para alimentarse (por ejemplo, el *Pratylenchus sp.*). Al mismo tiempo que pican las raíces, inyectan una saliva tóxica que provoca su putrefacción y hace más lento el crecimiento de la planta. Esta reacciona formando nódulos. En la parte aérea observamos la aparición de clorosis, necrosis y deformaciones. Los nematodos favorecen la aparición de bacterias;
— en los tallos de las plantas (*Dytilenchus sp.*): manifiestan su presencia por la aparición de manchas oleosas, hinchazones y deformaciones;
— sobre las hojas: se alimentan de los tejidos tiernos del limbo y se paran al llegar a las nerviaciones (*Aphelenchoides ritzemabosi*). Se observa una tonalidad parda en la base de la hoja. En el envés se aprecian manchas irregulares.

Nódulos radicales por la presencia de nematodos

CÓMO DEFENDER EL JARDÍN DE PARÁSITOS Y OTRAS ENFERMEDADES

LOS FACTORES DE PROPAGACIÓN
— La humedad.

LOS MÉTODOS DE LUCHA

- Lucha por técnicas de cultivo:
— no mojar el follaje al regar;
— quemar las plantas afectadas por nematodos;

- Lucha biológica:
— de modo preventivo, conviene asegurar una correcta rotación de cultivos;
— plantar claveles de moro (repelen los nematodos).

- Lucha química:
— queda reservada a los profesionales, por ser muy fitotóxica.

Los moluscos

LOS CARACOLES

Los caracoles son moluscos hermafroditas. Hibernan y se esconden en las cavidades del suelo, bajo piedras o tejas, y se protegen de las inclemencias mediante un espeso velo llamado epifragma. A finales de la primavera ponen los huevos, pequeños y de color blanco, agrupados en pequeños paquetes para poder depositarlos bajo tierra. Son animales noctámbulos.

Existen numerosas especies. Sin embargo, los más comunes son los caracoles de jardín.

Aunque tienen predilección por las hojas de los vegetales, se alimentan también de restos vegetales y de huevos de babosa. Es fácil ver su rastro por los agujeros y las escotaduras que dejan en el limbo de los vegetales y por el rastro brillante

Cuando la lluvia cesa, los caracoles salen de su escondrijo para buscar alimento o pareja

¿QUÉ ES UN PARÁSITO?

de mucosidad. La lluvia y la presencia de agua facilitan sus desplazamientos.

Sólo hay que eliminar los caracoles cuando verdaderamente causen daños graves en el jardín.

LOS MÉTODOS DE LUCHA

• Lucha por técnicas de cultivo: son métodos de simple realización y consisten, por una parte, en coger los caracoles (por ejemplo, después de una lluvia), y por otra, destruir cavando la tierra regularmente.

• Lucha química: existen productos granulados a base de metaldehído que se reparten alrededor de las plantas que reciben los mayores ataques. Siempre hay que utilizar granulados que lleven un repelente para los animales domésticos.

LAS BABOSAS

Existen dos tipo de babosas o limacos: las babosas grises y las babosas de huerta.

En otoño, las babosas ponen en el suelo sus huevos redondos y transparentes que eclosionan en primavera. Estos animales noctámbulos provocan numerosos daños después de las lluvias. Permanecen escondidos durante el día, como los caracoles, en las cavidades del suelo o bajo tejas. Los daños de las babosas de huerta son básicamente subterráneos: roen los bulbos, los rizomas y los tubérculos.

Las babosas grises prefieren roer las hojas, dejando siempre las nerviaciones de la hoja. Cuando el tiempo es cálido y húmedo, y los suelos muy ricos en mantillo se ve favorecida la llegada de babosas al jardín.

Las babosas se refugian bajo las piedras o los restos vegetales

LOS MÉTODOS DE LUCHA

De la misma manera que con los caracoles, se puede cavar la tierra regularmente para eliminar los huevos; cogerlas para preparar un purín de babosas, preparación un poco repelente pero muy eficaz (véase pág. 79, truco n.° 23); extender una capa de acolchado a base de materia orgánica y, sobre todo, alejar el estercolero que les resulte sumamente atractivo. Cobijar los pájaros y los topos a los que les encantan las babosas. El tratamiento químico es similar al de los caracoles.

CÓMO DEFENDER EL JARDÍN DE PARÁSITOS Y OTRAS ENFERMEDADES

CONFECCIONAR UNA TRAMPA PARA BABOSAS

Llenar un recipiente pequeño con agua y cerveza a partes iguales. Enterrarlo hasta la mitad: las babosas víctimas de su apetencia por la

Los arácnidos

Se trata de las arañas (suborden de los Quelicerados). A pesar de que producen pánico a la mayoría de personas, las arañas son amigas del jardinero. En efecto, se alimentan de insectos, y por ello conviene protegerlas.

LOS ÁCAROS

De forma ovoide o globosa, los ácaros tienen la cabeza y el tórax soldados. Su piel es blanda. Se puede observar a simple vista cómo se mueven por el envés de las hojas, sobre todo a lo largo de las nerviaciones principales. Sin embargo, otras especies se distribuyen por los tallos, las flores y las hojas.

El ácaro más conocido es el *ácaro amarillo común*: secreta una tela de araña que le permite desplazarse por las hojas y le protege de las agresiones externas.

La *araña roja* de los árboles frutales se halla muy extendida en los vergeles, las viñas y en especies ornamentales. También afecta a las plantas de la familia de las Cucurbitáceas (melón, calabacín...), y se desarrolla en el envés de las hojas cuando el clima es seco y caluroso.

Los ácaros son minúsculas arañas (miden menos de 0,5 milímetros)

Los ácaros absorben el citoplasma de las células de las hojas e inyectan una saliva tóxica. Las hojas se decoloran, reblandecen, aparecen manchas y agallas. Además, con sus picaduras, los ácaros producen heridas al vegetal y favorecen la aparición de otras enfermedades. El crecimiento se ve ralentizado.

El viento, el calor, los pájaros, los seres humanos (los ácaros se enganchan fácilmente a la ropa), favorecen la aparición de los ácaros.

LOS MÉTODOS DE LUCHA

• Lucha biológica y tradicional:
— regar las plantas con un chorro de agua a presión;
— si el ataque es muy fuerte, tratar con piretrinas o rotenona;
— favorecer la presencia de organismos beneficiosos, chinches depredadores y

¿QUÉ ES UN PARÁSITO?

Limbos crispados como consecuencia del ataque de ácaros y pulgones que se localizan en el envés de las hojas

ácaros depredadores (*Typholodromus*), mariquitas, *Syrphidae*, tripses...;
— untar el tallo con un aceite mineral;
— quemar las partes afectadas.

- Lucha por técnicas de cultivo:
— limitar los aportes de nitrógeno;
— destruir las malas hierbas[7];
— incorporar un mantillo rico en elementos fertilizantes.

- Lucha química:
— al final del periodo de reposo, enlucir con productos ovicidas y químicos como el endosulfán, dicofol o bifenthrina.

LOS ÁCAROS DE LOS FRESALES O TARSONEMAS

Son ácaros que provocan ligeros daños que se manifiestan por las deformaciones de las hojas, como enrollamientos, marcas profundas o una pilosidad muy desarrollada.

LOS MÉTODOS DE LUCHA

- Lucha por técnicas de cultivo y mecánica:
— practicar una rotación de cultivos adecuada;
— asociar las fresas, que son sensibles, con los ajos, que los repelen.

LAS ERINOSIS

Son pequeños ácaros que provocan una hipertrofia de los pelos. También se aprecia en el envés de las hojas unas manchas circulares de un material aterciopelado, de aproximadamente 1 o 2 centímetros de diámetro. Pueden provocar agallas rojas bajo las hojas.

CÓMO DEFENDER EL JARDÍN DE PARÁSITOS Y OTRAS ENFERMEDADES

LOS MÉTODOS DE LUCHA

- Lucha química y biológica:
— solución acaricida;
— pulverización con una solución a base de azufre.

Los miriápodos

Como su nombre indica, los miriápodos (*miria,* «mil», y *podos,* «patas») se distinguen por su gran número de patas (llegan a tener hasta treinta pares de patas). Viven bajo tierra y para paliar los daños que causan, podemos contar con los organismos beneficiosos (véase pág. 67).

Los miriápodos llevan el nombre adecuado: ciempiés

Los insectos

Los insectos son la clase más importante del mundo animal. Se ha contabilizado que en el mundo existen más de un millón. En España hay unas cincuenta mil especies, de las que unas dos mil quinientas son fitófagas. Cuando han completado su desarrollo (insecto adulto), en su gran mayoría, tienen seis patas, y uno o dos pares de alas transparentes u opacas. Conviene destacar que, en el caso de los insectos, son las larvas las que provocan la mayoría de los daños. Algunos insectos pueden reproducirse sin que las hembras hayan sido fecundadas (pulgones); otros requieren dos especies de plantas huésped para completar su ciclo biológico. Los insectos pasan por distintas fases de desarrollo antes de llegar al estado adulto:
— la hembra pone los huevos;
— los huevos se transforman en larvas (gusanos blancos, orugas...);
— las larvas pasan por el estado de crisálida (fase inmóvil);
— después de sufrir la metamorfosis, llegan al estado adulto llamado *imago*.

EL ORDEN DE LOS COLÉMBOLOS

**Insectos considerados primitivos.
Cuerpo dividido en tres partes.
Sin alas.
Tamaño pequeño (hasta 5 milímetros los más grandes).
Capaz de saltar gracias a un apéndice abdominal. Los daños que provoca en los jardines son poco importantes y casi no necesitan intervención. Afectan, sobre todo, a los semilleros y a las plantaciones jóvenes.**

¿QUÉ ES UN PARÁSITO?

LOS TRIPS

Este minúsculo insecto, perteneciente a la familia de los Tisanópteros, mide entre 0,5 y 13 mm. Tiene las alas estrechas y con flecos. Estos insectos atacan a las plantas ornamentales y hortícolas y son el vector de numerosas virosis. Los trips se desarrollan, sobre todo, cuando el tiempo es cálido y seco. Se reconoce su presencia por las finas manchas plateadas que aparecen sobre las hojas.

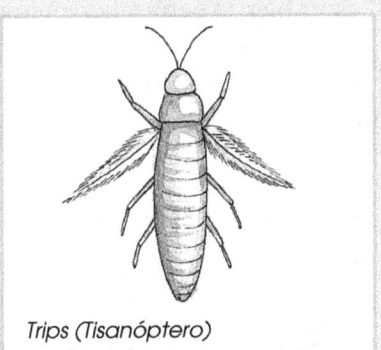

Trips (Tisanóptero)

Métodos de lucha
- **Lucha por técnicas de cultivo**
  - tratar con un insecticida natural como la rotenona;
  - repelerlos con un chorro de agua a presión;
  - regar correctamente las plantas sensibles;
  - colocar una malla antiinsectos.

- **Lucha química**
  - pulverizar con un insecticida a base de alfamentrina, por ejemplo.

EL ORDEN DE LOS ORTÓPTEROS

Insecto saltador (gracias a sus dos patas anteriores): como ejemplos, el saltamontes o el grillo.
   Provistos de antenas.
   Tienen patas que les permiten correr.

El grillotopo o alacrán cebollero

Este insecto corredor es un grillo de actividad básicamente nocturna. La llamada del macho parece el ronroneo del chotacabras. La hembra pone centenares de huevos en un nido subterráneo a unos 10-15 cm de profundidad. En el estado larvario, estos insectos cavan galerías bajo tierra y roen las raíces, los pequeños tubérculos y los bulbos. En el estado adulto, resultan unos organismos muy beneficiosos, ya que se alimentan de gusanos y de insectos.

El alacrán cebollero (grillo topo) mide entre 35 y 50 milímetros

CÓMO DEFENDER EL JARDÍN DE PARÁSITOS Y OTRAS ENFERMEDADES

LOS MÉTODOS DE LUCHA

- Preventivos:
— cavar bien la tierra y desenterrar los nidos.

- Si las plantas sufren una invasión grave, regar las galerías formadas con piretro o bien taparlas con trozos de trapo empapados de petróleo.

- Evitar la lucha química siempre que sea posible.

EL ORDEN DE LOS HOMÓPTEROS

> De *homos* («idéntico») y *pteron* («alas»): portador de alas idénticas. Las alas posteriores son más pequeñas que las alas anteriores. Todos son fitófagos. Chupan la savia de los vegetales. Pertenecen a este orden las cigarras, los pulgones, las cicadelas, las psilas, los aleuródidos, las cochinillas.

Los aleuródidos o moscas blancas
Son pequeños insectos picadores recubiertos por un fino polvillo céreo. Se posan generalmente en el envés de las hojas y secretan una abundante melaza que provoca la aparición de negrilla.

LOS MÉTODOS DE LUCHA

Un organismo beneficioso, el *Encarsia formosa*. Se trata de un pequeño himenóptero que pone sus huevos en los aleuródidos. Actualmente, sólo los pueden adquirir los profesionales.

También se pueden eliminar con trampas de color amarillo y encoladas.

- Lucha química:
— pulverizaciones con insecticida.

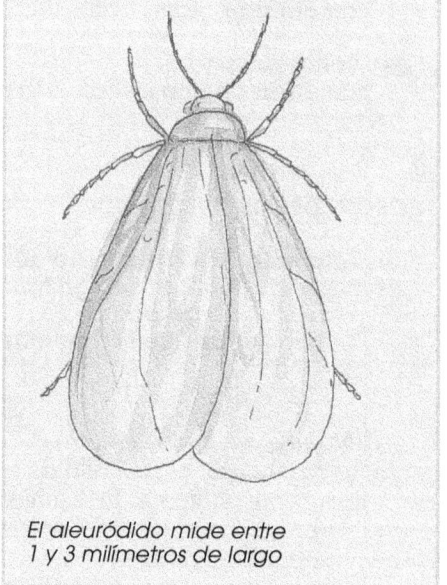

El aleuródido mide entre 1 y 3 milímetros de largo

Las cicadelas
La particularidad de este homóptero próximo a las chinches, consiste en que posee un rostro que le permite picar las plantas para chuparles la savia. Mide entre 2-4 milímetros y es de color verde.

Además de los daños directos que provoca en las hojas (pequeñas manchas en el envés), la cicadela es un vector para numerosas virosis (por ejemplo, el amari-

¿QUÉ ES UN PARÁSITO?

lleo dorado de la viña o *bud blast* del rododendro), que se desarrollan después de su aparición sobre las plantas.

Una cicadela bastante común es la espumadora o baba de cuclillo, que produce grumos espumosos sobre la planta huésped.

LOS MÉTODOS DE LUCHA

- Lucha química:
— aplicación de aceites durante el invierno sobre las plantas amenazadas;
— pulverización de insecticidas (a base de piretro, por ejemplo) sobre las larvas y los adultos durante el verano.

Los pulgones

Los pulgones, de los que se conocen más de ochocientas especies sólo en Europa, son la obsesión de muchos jardineros. Estos insectos, que miden menos de 4 milímetros, son de hábitos chupadores. Efectivamente, se alimentan de la savia de las plantas y las debilitan. Segregan una abundante melaza y son vectores de numerosas enfermedades víricas (son los transmisores, por ejemplo, de la crispadura o rizadura del geranio).

Los pulgones aparecen sobre todo en verano, periodo del año en que la circulación de la savia en las plantas es intensa. Tienen la particularidad de reproducirse por partenogénesis, es decir, tiene lugar una sola reproducción sexual en otoño y otra en invierno. De la primera puesta nacen las hembras fundadoras, que se reproducen sin los machos y llegan a engendrar varias generaciones por año. Citaremos algunos ejemplos:

- *El pulgón verde del manzano:* se desarrolla sobre un gran número de especies, sobre todo de la familia de las rosáceas. Lleva a cabo su ciclo vital en una sola planta huésped.

- *El pulgón negro de las habas:* parasita hasta doscientas especies de vegetales y lleva a cabo su ciclo sobre dos plantas huésped: la primera es el aligustre, que abandona para instalarse sobre las habas o los habo-

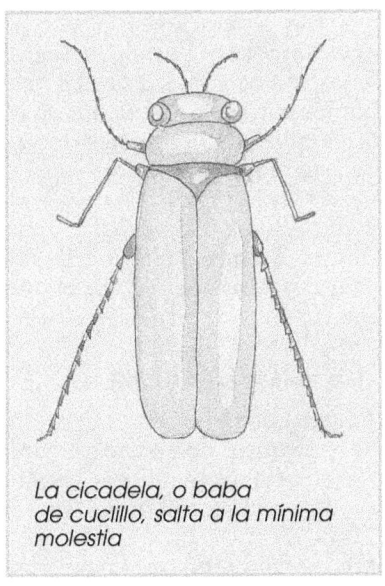

La cicadela, o baba de cuclillo, salta a la mínima molestia

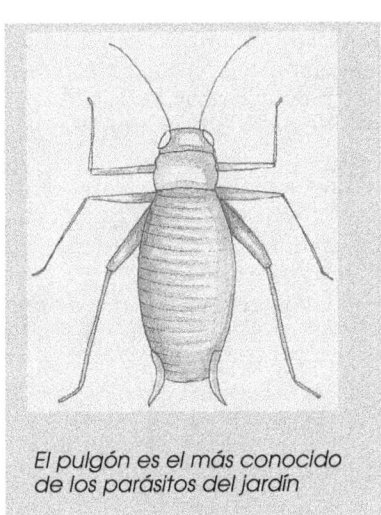

El pulgón es el más conocido de los parásitos del jardín

nes. Las generaciones se suceden a un ritmo impresionante de hasta seis generaciones por año. El pulgón negro provoca daños considerables: chupa la savia, las hojas se arrugan, los brotes jóvenes sufren deformaciones; la melaza segregada por los cornículos (situados en el abdomen) provoca rápidamente el desarrollo de la negrilla. Las cosechas de leguminosas se ven disminuidas por la presencia de este molesto parásito.

• *El pulgón de las agallas:* parasita principalmente los árboles como el alerce, el fresno, el olmo, el chopo... Sus picaduras provocan la aparición de agallas (agallas-ananás en los abetos), en el interior de las cuales se suelen desarrollar luego las larvas.

LOS MÉTODOS DE LUCHA

• Lucha preventiva:
— pulverizar con aceites amarillos durante el invierno;
— en primavera, utilizar insecticidas como el endosulfán;
— favorecer los depredadores naturales.

• *El pulgón lanígero:* la característica principal de este pulgón consiste en que secreta unos filamentos blancos y cerosos que se entrecruzan entre ellos. Su picadura provoca la formación de agallas que favorecen la aparición de bacterias y de hongos. En invierno, basta con pulverizar con aceites de petróleo sobre los árboles de follaje caduco.
Durante el desborronamiento, utilizar aceites minerales. Durante el periodo vegetativo, pulverizar con insecticidas.

LOS MÉTODOS DE LUCHA

• Lucha mecánica y por técnicas de cultivo:
— regar las plantas invadidas con un chorro de agua a presión;
— eliminar las partes afectadas;
— pulverizar con algas calizas, roca pulverizada, cenizas de madera.
— regar las plantas con manguera.

• Lucha biológica:
— utilizar insecticidas vegetales a base de nicotina, de jabón negro mezclado con agua, así como rotenona, que no es peligrosa para los seres humanos ni para las abejas;
— favorecer la presencia de nuestras amigas las mariquitas, que podemos incluso adquirir en ciertas jardinerías. Una mariquita puede devorar hasta ochenta pulgones al día;
— favorecer los sírfidos, las crisopas, los hemerobius, las chinches depredadoras.

• Lucha química:
— pulverizar con insecticidas sintéticos a base de formotion...

¿QUÉ ES UN PARÁSITO?

Los reflejos brillantes son debidos a la presencia de melaza (secreción del pulgón) que atrae a las avispas y a las abejas. Algunos apicultores hacen miel de melaza

Las cochinillas algodonosas

La cochinilla es un insecto con una forma de vida muy particular. Es inmóvil en el estado adulto y sólo se desplaza cuando pasa del estado larvario al estado adulto (únicamente la cochinilla llamada algodonosa guarda siempre cierta movilidad). A esta transición se la llama estadio móvil y dura unas cuantas horas, el tiempo de salir del caparazón de la madre (que muere después de la eclosión) y de fijarse a otros árboles o plantas; luego pierde las antenas y las patas. Su cuerpo, según las especies, queda recubierto por un escudo o por un caparazón.

Cochinilla algodonosa

Los huevos eclosionan en primavera. La cochinilla se alimenta chupando la savia de las ramas y las ramillas jóvenes que son más fáciles de atravesar.

Al mismo tiempo que pican los árboles, secretan melaza (como los aleuródidos o moscas blancas y los pulgones), dejando las hojas muy pegajosas y ennegrecidas con la aparición de la negrilla. Esta melaza atrae a las avispas y a las hormigas. Según las especies, las cochinillas atacan a los árboles, a los arbustos o a las plantas ornamentales y se fijan bajo la corteza, sobre las ramas y las ramillas. Las cochinillas algodonosas viven en los invernaderos y en las zonas de clima cálido. De color blanco y de consistencia algodonosa, atacan principalmente las plantas ornamentales y secretan abundante melaza.

CÓMO DEFENDER EL JARDÍN DE PARÁSITOS Y OTRAS ENFERMEDADES

LOS MÉTODOS DE LUCHA

En los árboles de follaje caduco, pulverizar durante el invierno con aceites amarillos, sin olvidar el envés de las hojas.

EL PIOJO DE SAN JOSÉ

El piojo de San José pertenece a la misma familia que las cochinillas. La ley indica que es obligatorio combatirlo, lucha que actualmente se puede llevar a cabo gracias a un pequeño himenóptero (*Prospaltella perniciosi*)**. Apareció por primera vez en California y se ha extendido rápidamente por todos los continentes.**

La psila
Este insecto chupador y picador es un homóptero de unos 4 milímetros de largo. Ataca a un gran número de especies, ornamentales o frutales. Las psilas parecen cigarras (pertenecen a la misma superfamilia que los Cicádidos). Son las larvas (de 1 a 2 milímetros) las que causan graves daños: las psilas hibernan en diferentes estados (de huevo, en la psila del manzano) en las ramas de las plantas huésped. Las larvas, muy planas y de colores, se colocan sobre el limbo o las yemas secretando una abundante melaza que favorece la aparición de la negrilla.

Las hojas se deforman y se enroscan. La circulación de la savia se ve entorpecida. Los tallos se quedan raquíticos.

Los organismos beneficiosos como las cochinillas, crisopas, sírfidos y chinches se deleitan con las psilas. Constituyen una ayuda inestimable.

LOS MÉTODOS DE LUCHA

- Lucha biológica:
— la nicotina en decocción o infusión de tabaco pulverizada sobre las hojas.

- Lucha química:
— en la medida de lo posible, evitar la lucha química si los árboles no están muy afectados. Si el ataque es severo, efectuar pulverizaciones de endosulfán.

EL ORDEN DE LOS HETERÓPTEROS

De *heteros*, **«otro», y** *pteron*, **«ala» (las alas anteriores son diferentes de las posteriores).**
   Cuerpo protegido por hemihélitros.
   Son los llamados comúnmente chinches.

¿QUÉ ES UN PARÁSITO?

Las chinches
Se trata de insectos picadores (sus piezas bucales tienen un rostro situado debajo de la cabeza). Principalmente carnívoras, las chinches son en gran parte organismos beneficiosos. Podemos distinguir las chinches acuáticas (hidrocorisos) de las chinches terrestres (geocorisos). El suborden de los geocorisos contiene el grupo de chinches perjudiciales para las plantas. Otra forma de reconocerlas es por el olor desagradable que despiden. Podemos destacar entre estas la chinche de campo, la chinche de las huertas, la chinche del perejil, el tigre del rododendro. Reconoceremos los daños que producen por los minúsculos agujeros que dejan en las hojas y que, poco a poco, se van secando.

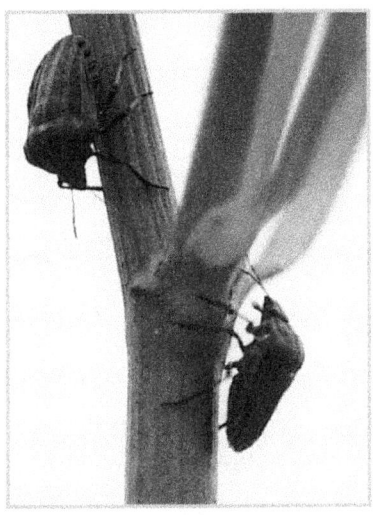

Chinches sobre tallo de apio

LOS MÉTODOS DE LUCHA

- Lucha biológica:
— pulverizaciones con un insecticida a base de rotenona o de piretro.

- Lucha química:
— pulverización a base de alfametrina.

EL ORDEN DE LOS COLEÓPTEROS

De *koleos,* «**estuche**», **y** *pteron,* «**alas**».
**Dos élitros. Alas anteriores endurecidas que protegen las posteriores. Insectos masticadores con poderosas mandíbulas. Existen más de trescientas mil especies.
Poseen formas y colores ricos y variados.
Larvas xilófagas.**

Las chinches depredadoras son muy eficaces devorando otros insectos

Los gusanos blancos
Este insecto mide entre 20 y 30 mm. En primavera, los adultos aparecen sobre los árboles, se acoplan y después las hembras ponen una veintena de huevos en el suelo. Las larvas permanecen ahí más de tres años alimentándose de raíces y provocando grandes daños. La planta se marchita.

El gusano blanco, larva de coleóptero, provoca graves daños a las raíces

CÓMO DEFENDER EL JARDÍN DE PARÁSITOS Y OTRAS ENFERMEDADES

LOS MÉTODOS DE LUCHA

- Lucha por técnicas de cultivo:
  — sacudir los árboles en primavera y recoger los escarabajos sanjuaneros;
  — labrar bien el suelo para dejar las larvas al descubierto;
  — favorecer la presencia de ciertos mamíferos como los ratones de campo, los erizos, y de pájaros como las cornejas.

- Lucha química:
  — pulverizar el suelo en otoño y en primavera (realizarlo sólo en los casos verdaderamente críticos).

El ciervo volante

Es un gran coleóptero (40-80 milímetros) cuyas larvas se desarrollan en la base de los troncos. El adulto es el llamado ciervo volante, cuyo macho tiene las mandíbulas hipertrofiadas que utiliza para llevar a cabo eventuales luchas entre rivales.

Es en el estado larvario cuando el ciervo volante es una plaga

LOS MÉTODOS DE LUCHA

Sólo se desarrollan en árboles muertos o podridos.

El gorgojo

Existen más de cuarenta y seis mil especies de gorgojos repartidos por todo el mundo. En España, más de diez especies atacan selectivamente a la truana, al pino, a los árboles frutales, al ciclamen, al abeto: sus raíces se ven perjudicadas por las larvas, que cavan galerías bajo la corteza. Los adultos se reservan los brotes tiernos, roen las yemas, las agujas y las semillas.

EL GORGOJO DEL AVELLANO

Pone sus huevos en las avellanas jóvenes. La larva se desarrolla dentro de la avellana, que se llena de excrementos. Después, perfora un pequeño agujero para salir de la avellana. La larva sufre la metamorfosis en el suelo.

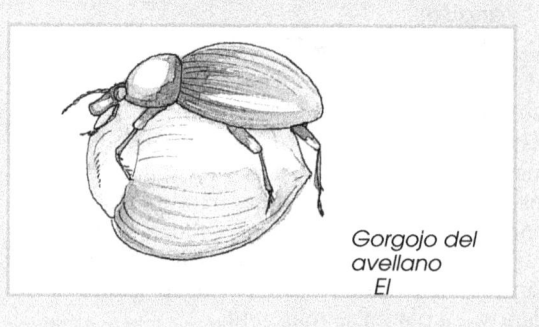

Gorgojo del avellano El

¿QUÉ ES UN PARÁSITO?

LOS MÉTODOS DE LUCHA

Existen pocos métodos para luchar contra este parásito, como no sea la destrucción de las ramas afectadas. Se recomienda conservar un árbol debilitado (el árbol trampa), destinado a atraer a estos coleópteros cuando las hembras van a poner los huevos.

Los gusanos de alambre

Las larvas producen numerosos daños. Estos escarabajos miden 2,5 centímetros, son muy finos y se alimentan de raíces y de tubérculos, perforándolos. Producen minúsculas galerías en las plantas. Son de color pardo anaranjado y poseen tres pares de patas. Aparecen a mediados de verano, principalmente en julio.

LOS MÉTODOS DE LUCHA

- Lucha por técnicas de cultivo:
— recoger las larvas a mano y destruirlas;
— coger y destruir las plantas afectadas;

- Lucha biológica:
— favorecer la presencia de organismos como la musaraña o los pájaros;
— poner cebos a los gusanos de alambre (véase pág. 79, el truco número 22);
— utilizar las plantas trampa sólo para este efecto.

- Lucha química:
— pulverizar con insecticidas a base de carbofurano o disponer un insecticida granulado alrededor de las plantas afectadas.

Los gorgojos

Atacan a las plantas y a los árboles que barrenan y roen de forma característica (producen unas escotaduras redondeadas en el borde del limbo). Ponen los huevos en el suelo, en primavera. En realidad son las larvas, pequeñas, de color blanco y con la cabeza marrón, las que cometen los mayores daños devorando las raíces de las plantas o de los árboles en los que se instalan. El crecimiento del vegetal afectado se ralentiza.

LOS MÉTODOS DE LUCHA

- Lucha por técnicas de cultivo:
— cavar bien el suelo bajo las plantas, para dejar al descubierto la larvas.

- Lucha biológica:
— favorecer la presencia de organismos beneficiosos como la musaraña o el erizo.

- Lucha química:
— utilizar un insecticida en las hojas y en el suelo.

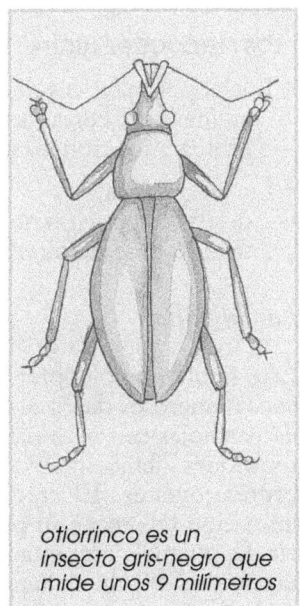

otiorrinco es un insecto gris-negro que mide unos 9 milímetros

CÓMO DEFENDER EL JARDÍN DE PARÁSITOS Y OTRAS ENFERMEDADES

El cigarrero
Este coleóptero de 6 a 9 milímetros es de color verde o azul. La hembra hace un agujero en el pecíolo y abandona la hoja cuando esta se inclina y se seca quedando perpendicular a la rama. Al cabo de algunas horas, el coleóptero comienza la labor del enrollado: las dos extremidades de la hoja se vuelven la una hacia la otra. La hoja se mantiene enrollada por una especie de cola que la hembra deposita mientras va poniendo los huevos en los intersticios foliares. Las larvas devoran el parénquima de las hojas y sufren la metamorfosis en el suelo. Los daños, a pesar de ser muy visibles, no son tan graves como parecen.

LOS MÉTODOS DE LUCHA

- Lucha por técnicas de cultivo:
— recolectar los cigarreros y quemarlos.

- Lucha química:
— cuando los adultos aparecen, realizar pulverizaciones con insecticidas a base de paratión o de organoclorados (endosulfán).

El barreno
Según las especies, atacan de forma específica al rosal y al peral así como al serbal, al membrillo, al espino albar o al níspero.
    Las larvas son de color blanco y miden de 10 a 20 milímetros. Se desarrollan perforando la corteza y la madera, primero en superficie y después cavando galerías profundas para preparar la metamorfosis. Los adultos se alimentan de las hojas del árbol atacado.

LOS MÉTODOS DE LUCHA

- Lucha por prácticas de cultivo:
— en invierno, cortar las ramas afectadas;
— proteger los troncos con tiras de liga sobre la corteza para impedir la puesta.

- Lucha química:
— desde la aparición de los adultos, en el mes de junio, pulverizar con un insecticida a base de piretrinas.

La pulguilla

Este pequeño coleóptero provoca numerosos daños al acribillar las hojas con múltiples perforaciones. También ataca a los brotes jóvenes. El calor y la insolación favorecen su presencia. La pulguilla presenta la particularidad de saltar a la mínima molestia.

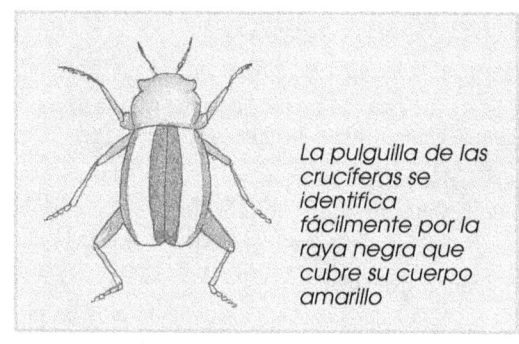

La pulguilla de las crucíferas se identifica fácilmente por la raya negra que cubre su cuerpo amarillo

¿QUÉ ES UN PARÁSITO?

LOS MÉTODOS DE LUCHA

- Lucha por técnicas de cultivo:
— proteger los semilleros del calor y del sol intenso;
— regar correctamente;

- Lucha biológica:
— esparcir cenizas de leña por el suelo;
— aplicar un insecticida a base de rotenona.

- Lucha química:
— pulverizar con un insecticida que lleve alfametrina.

El barrenillo

Es un coleóptero que ataca preferentemente a los árboles. Es particularmente temible ya que actúa de vector de la devastadora enfermedad conocida como grafiosis del olmo (véase pág. 118).

Desde finales de la primavera, la hembra perfora la corteza y deposita los huevos en una galería de varios centímetros de largo. Las larvas, que miden varios milímetros, son blancas y están desprovistas de patas. Se desarrollan en el interior del árbol y se alimentan de él.

En el momento de la metamorfosis, excavan una celda y perforan la corteza para salir volando.

Los barrenillos debilitan considerablemente los árboles afectados, ya que la circulación de la savia se ve dificultada. El primer síntoma visible es el desprendimiento de la corteza.

LOS MÉTODOS DE LUCHA

- Lucha por técnicas de cultivo:
— podar y destruir las ramas afectadas;
— talar y quemar los árboles seriamente afectados;
— introducir árboles trampa para atraer a los insectos y quemarlos luego.

- Lucha química:
— pulverizar con insecticidas (piretroides) desde los primeros vuelos.

La galeruca

Coleóptero de la familia de los crisomélidos. El más conocido es la galeruca del olmo. Hiberna en el suelo.

Son las larvas las que causan los daños más graves y pueden defoliar completamente un árbol.

LOS MÉTODOS DE LUCHA

- Lucha por técnicas de cultivo:
— disponer trampas con liga sobre un cartón ondulado. Las larvas se cobijarán y entonces es fácil librarse de ellas;
— sacudir las ramas para hacer caer a los parásitos adultos.

CÓMO DEFENDER EL JARDÍN DE PARÁSITOS Y OTRAS ENFERMEDADES

La crisomela
Este insecto fitófago roe el limbo de los árboles (chopos) o de las plantas ornamentales (lavanda, romero). Sus daños raramente suelen tener graves consecuencias.

LOS MÉTODOS DE LUCHA

- Lucha química:
— pulverizar con un insecticida organoclorado, sólo en caso de absoluta necesidad.

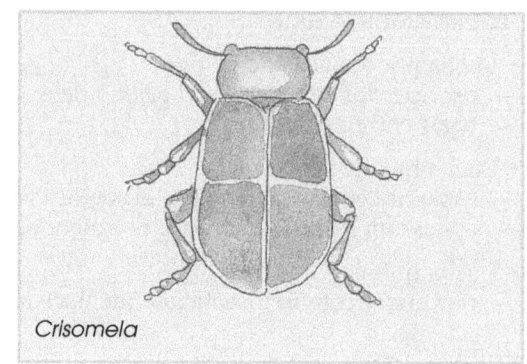
Crisomela

EL ORDEN DE LOS LEPIDÓPTEROS

¿Quién iba a imaginar que las mariposas que tanto admiramos por su sutileza y sus hermosos colores, son en estado larvario, un verdadero peligro para el jardín? Presentan la característica de estar provistas de dos pares de alas recubiertas de escamas. Las orugas están, a menudo, provistas de piezas bucales muy sólidas y su morfología está organizada para una sola misión: ingerir la mayor cantidad de alimento posible.
Algunas de ellas son xilófagas (cosus o taladro rojo y zeuzera o taladro amarillo), y penetran en el interior de la madera hasta el momento de convertirse en crisálidas. Las larvas de los Lepidópteros suelen afectar principalmente los árboles.

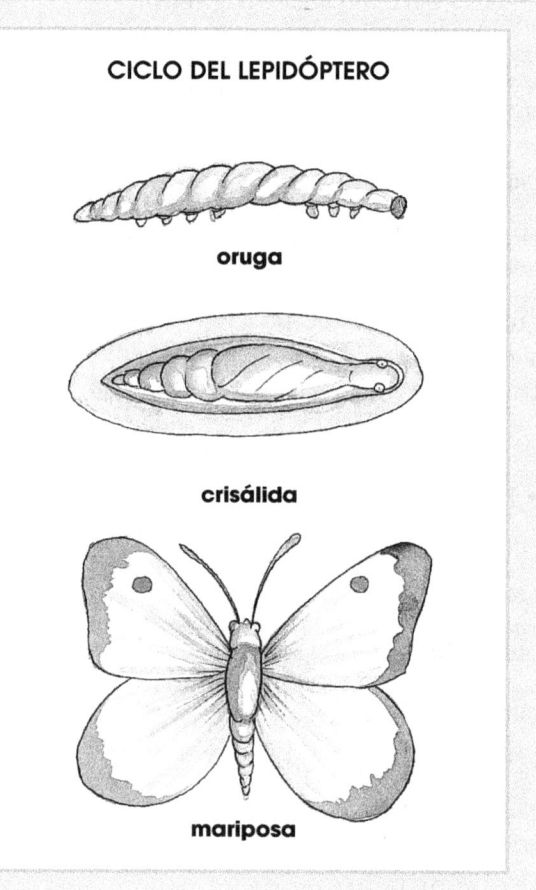

CICLO DEL LEPIDÓPTERO

oruga

crisálida

mariposa

48

¿QUÉ ES UN PARÁSITO?

La zeuzera
La oruga mide aproximadamente 5 centímetros. Es de color amarillo y con motas negras.

Ataca a un gran número de árboles ornamentales y frutales. La hembra pone los huevos en verano, sobre la corteza, y también en el suelo. Desde la eclosión, las orugas perforan la corteza y excavan galerías ascendentes. Descubrimos su presencia por los excrementos mezclados con serrín que encontramos en el orificio de entrada.

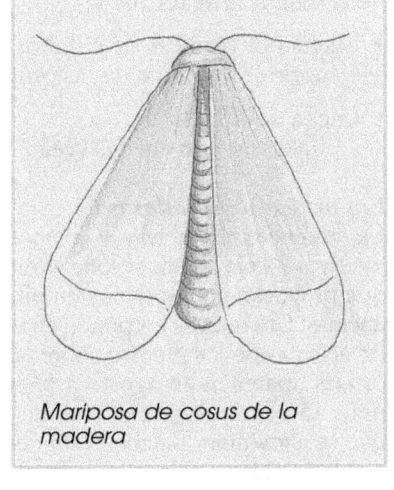

Mariposa de cosus de la madera

LOS MÉTODOS DE LUCHA
Consisten en introducir un alambre por el agujero para matar la oruga.

La oruga cigarrera o cacoecia
Recibe este nombre por la forma como enrosca las hojas para protegerse. Existen varias especies, todas ellas temibles y devastadoras, que atacan alerces, abetos, robles, rosales, rododendros...

Los huevos, una vez que han hibernado bajo la corteza, eclosionan en primavera y las orugas devoran las hojas (sobre todo las más tiernas); después tejen hilos para enroscarse: les sirven de refugio.

LOS MÉTODOS DE LUCHA
Se estudian diversas técnicas con feromonas sexuales (véase pág. 73); sin embargo, por el momento se utilizan, en pulverización, los insecticidas a base de piretroides.

Las orugas minadoras
Bajo este nombre se agrupan todas las orugas de pequeñas mariposas que surgen en primavera. Las hembras ponen los huevos en el envés de las hojas. Desde el momento de la eclosión, las orugas penetran en el tejido interno de la hojas y se alimentan de él; de esta forma horadan sinuosas galerías.

LOS MÉTODOS DE LUCHA
Pulverizar con insecticidas organofosforados.

Los arañuelos o hilanderos
Después de la eclosión, esta oruga vive como minadora durante unos quince días, es decir, penetra en las hojas y se alimenta de ellas.

En los casos más extremos puede defoliar completamente un árbol. Posee la particularidad de tejer grandes telas entre las hojas, y dentro de ellas se transforma en crisálida.

CÓMO DEFENDER EL JARDÍN DE PARÁSITOS Y OTRAS ENFERMEDADES

LOS MÉTODOS DE LUCHA

- Lucha por técnicas de cultivo:
— suprimir los nidos de las orugas.

- Lucha química:
— pulverizar con aceites (véase pág. 72) en invierno, como medida preventiva.

Las orugas defoliadoras

La *procesionaria del pino* y la *procesionaria del roble y la encina* son dos especies muy próximas que provocan graves daños en pinos, robles y encinas. Los huevos los ponen en verano sobre las acículas de los pinos o sobre las hojas. Las orugas aparecen en agosto y tejen bolsas de unos 15 centímetros entre las acículas de las que se alimentan. Reciben esta denominación por la forma que tienen de desplazarse, que consiste en una larga fila india. Incluso durante el invierno las procesionarias defolian concienzudamente las hojas y las acículas. Su actividad es esencialmente nocturna. Son unas orugas de color marrón y muy peludas. Hasta la primavera siguiente no abandonan el árbol para enterrarse en el suelo donde se convierten en crisálidas.

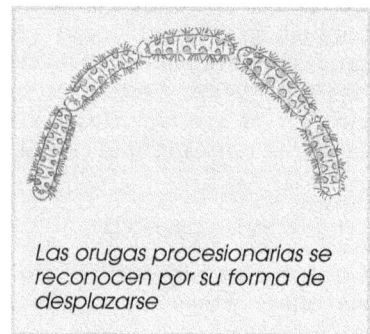

Las orugas procesionarias se reconocen por su forma de desplazarse

LOS MÉTODOS DE LUCHA

- Luchas por técnicas de cultivo y mecánicas:
— cortar las bolsas con mucha precaución para no tocarlas. Los pelos de las orugas son muy urticantes y pueden provocar alergias muy graves.
— una técnica bastante extendida consiste en destruir las bolsas con escopeta.

- Lucha biológica:
— los tratamientos a base de *Bacillus thuringiensis* son muy eficaces.

Las orugas de librea o lagartas rayadas

Entre las numerosas especies de orugas de librea, hay algunas que provocan graves daños a los árboles. Los huevos eclosionan en verano, y las orugas, de unos 5 centímetros de largo, pueden defoliar un árbol. Se reconocen por su librea de color marrón-negro con manchas rojas y con numerosos pelos.

LOS MÉTODOS DE LUCHA

- Lucha biológica:
— los tratamientos con *Bacillus thuringiensis* resultan muy eficaces;
— las lagartas rayadas tienen también depredadores naturales, los cárabos.

- Lucha química:
— evitar en la medida de lo posible.

¿QUÉ ES UN PARÁSITO?

Las sesias
Pertenecen a la familia de los Sésidos, tienen las alas muy juntas y son casi transparentes. El cuerpo es de colores vivos. Se trata de una pequeña mariposa diurna. Las orugas provocan grandes daños en los árboles. En efecto, viven en los tallos, las ramas y los troncos de los vegetales, donde excavan profundas galerías. Las sesias forman el capullo justo debajo de la corteza, con pequeños trozos de madera; el extremo de la galería tiene serrín que se ve en la corteza.

LOS MÉTODOS DE LUCHA

- Lucha por técnicas de cultivo:
— la solución es sencilla, ya que consiste en introducir un alambre en la galería para eliminar las larvas.

Las geómetras
Reciben este nombre por la forma tan característica que tienen de desplazarse las larvas: estas orugas «agrimensoras» sólo poseen dos pares de falsas patas, el primero se halla en el último segmento y el otro en el décimo. De este modo, para desplazarse proyectan el cuerpo tan lejos como les es posible, formando un bucle con todo el cuerpo para acercar las patas al resto del cuerpo. Su librea y su forma de fijación les permiten mimetizarse entre las ramillas. Permanecen tendidas sobre las ramas, fijadas a estas por un hilo de seda que las retiene en caso de una esporádica caída. Se alimentan de las hojas y provocan serios daños.

LOS MÉTODOS DE LUCHA

- Lucha por técnicas de cultivo:
— cuando las hembras emergen de sus crisálidas enterradas bajo tierra, trepan por el tronco. Si se ponen anillos de liga alrededor del tronco se quedan pegadas a ellos igual que sus huevos.

- Lucha biológica:
— los tratamientos con *Bacillus thuringiensis* resultan bastante eficaces.

- Lucha química:
— pulverizar las larvas con insecticidas.

Los noctuidos
En estado adulto, son mariposas pardo-grisáceas bastante compactas, que miden entre 4 y 5 centímetros.

Según las especies, las larvas son orugas defoliadoras, es decir, devoran las partes aéreas del vegetal (por ejemplo, el noctuido de la col), o bien orugas terrestres que viven a ras de suelo o ligeramente enterradas y que se llaman gusanos grises por sus color. Atacan el cuello de las plantas. Su actividad

El gusano gris es la larva del noctuido

CÓMO DEFENDER EL JARDÍN DE PARÁSITOS Y OTRAS ENFERMEDADES

es nocturna y duermen de día enrollándose en espiral, por lo que también se conocen como rosquillas.

LOS MÉTODOS DE LUCHA

- La lucha preventiva:
— limitar la presencia de malas hierbas que atraen a las hembras;
— a los estorninos y a las cornejas les encantan las orugas, pero no se sabe si es peor el remedio o la enfermedad.

- Lucha química:
— es difícil de llevar a cabo contra las larvas de noctuidos, sin embargo, se suele recomendar el empleo de granulados a base de carbamil o de endosulfán.

EL ORDEN DE LOS DÍPTEROS

Comprende aquellos insectos que llamamos vulgarmente moscas. Los Dípteros tan sólo poseen un par de alas. A menudo atacan las hortalizas, las plantas ornamentales y los frutos. Sufren una metamorfosis completa y pasan por un estado larvario y un estado de ninfa.

Las moscas
Bajo este nombre común se designan numerosos insectos que parasitan los frutos de los vegetales. Las pupas y las larvas o gusanos permanecen en el interior del fruto (todos hemos tenido alguna experiencia), y provocan graves daños. Según las especies, dañan los frutos de árboles frutales, las apiáceas (antes umbelíferas: zanahoria, apio), y también los bulbos y similares (mosca del puerro, de la cebolla, etc.).

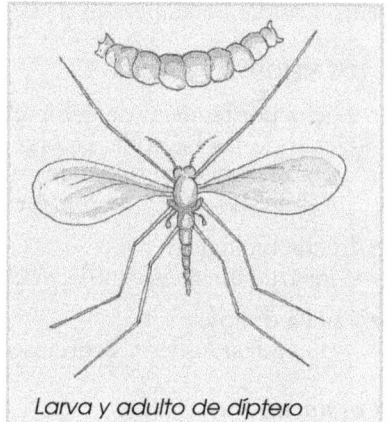

Larva y adulto de díptero

LOS MÉTODOS DE LUCHA

Son de carácter preventivo y consisten en evitar que la hembra ponga los huevos sobre la planta o el árbol:
— colocar trampas atrayentes: consisten en pequeños bastoncillos de color amarillo sobre los que se coloca la liga. Los adultos se quedan pegados. Estas trampas evitan la aparición de moscas y permiten una mejor prevención;
— cubrir las plantas sensibles de ser atacadas con una mallas antiinsectos durante la época de los vuelos;
— favorecer la presencia de organismos beneficiosos;
— proteger las semillas con un insecticida a base de diazinon o de carbofurano.

¿QUÉ ES UN PARÁSITO?

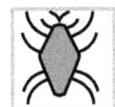

Las típulas
De adulta, la típula es como un gran mosquito y no ocasiona daños. Son las larvas las que provocan los mayores daños ya que atacan las raíces de las plantas.

LOS MÉTODOS DE LUCHA

- Lucha por técnicas de cultivo y mecánica:
— labrar bien la tierra para exponer las típulas y favorecer su desecación.

- Lucha química:
— en primavera, extender cebos a base de insecticidas organofosforados.

EL ORDEN DE LOS HIMENÓPTEROS

Este orden agrupa a los insectos que nos resultan particularmente familiares: las avispas, las abejas, las hormigas, los abejorros. Todos poseen dos pares de alas. Un gran número de especies pertenecen al grupo de organismos beneficiosos y además son esenciales para la polinización. El ciclo de su metamorfosis es perfecto. Destacaremos la larva arrolladora de las hojas en el apartado dedicado a las enfermedades del rosal.

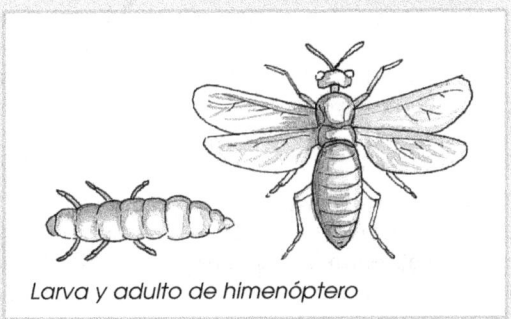

Larva y adulto de himenóptero

Los cecidómidos o mosquitos
Los cecidómidos miden de 2 a 3 milímetros. Ponen sus huevos en primavera sobre las yemas.

Las larvas alcanzan las hojas, que todavía no se han desplegado, y después se instalan en las agallas en forma de pequeños bultos sobre el haz de las hojas (en particular en el haya y el sauce). Estas moscas pequeñas también se instalan en las hortalizas.

Otras son verdaderos depredadores (*Aphidoletes aphidimyza*) y se alimentan de pulgones o de ácaros; se las puede considerar, por lo tanto, como organismos beneficiosos.

LOS MÉTODOS DE LUCHA

El remedio consiste en pulverizar con un insecticida.

Para las hortalizas, de forma preventiva, cubrir el huerto con una malla antiinsectos y tratar las hortalizas sensibles con un insecticida piretroide.

Los vertebrados

Algunos animales como los corzos, los gamos, los ciervos, son más bien ocasionales. Los daños los provocan en los árboles. En primavera roen las yemas y las hojas tiernas. Más adelante, cuando desarrollan la cornamenta se frotan contra la corteza. Si esta cae, el árbol puede morir.

Las soluciones son simples: vallar el terreno y proteger los troncos de los árboles con enrejados o rodeándolos con algún sistema de protección.

El jabalí
Le gustan mucho las patatas; para evitar su paso por el huerto conviene vallarlo.

El conejo y la liebre
En invierno, y sobre todo si nieva, los conejos roen la corteza de los árboles. Se deberá proteger envolviendo los troncos con una malla metálica.

En el huerto todo les interesa. Existen cordeles impregnados de un producto repelente con los que se rodea el huerto a dos alturas con la ayuda de estacas.

LOS ROEDORES

El topillo (familia de los Microtidos)
No en vano es un roedor. Este pequeño mamífero que tan sólo mide 10-15 cm de largo, ataca, según las especies, los árboles (el ratón de campo rojizo), las raíces (el ratón de campo terrestre o las ratillas) y cava galerías en la tierra.

La rata, el ratón de campo y el ratón (familia de los Muridos)
Miden, aproximadamente, unos 10 centímetros y resultan perjudiciales tanto en el jardín como en casa.

El lirón y el lérot (familia de los Mioxidos)
Miden, aproximadamente, de 10 a 15 centímetros.
Atacan, sobre todo, a los frutos y a algunas hortalizas.

LOS MÉTODOS DE LUCHA

— Tener un gato ayudará de forma eficaz a combatirlos.
— Proteger la fauna natural: búho, halcón, zorro, hurón, comadreja: disfrutan con los pequeños roedores.
— Sembrar ajos, que los aleja de los cultivos sensibles.
— Enterrar botellas. El silbido que provoca el paso del viento aterroriza a los ratones de campo.
— Introducir en las galerías monóxido de carbono, que los asfixiará (utilizar una manguera conectada con el tubo de escape del coche).
— Labrar la tierra en profundidad, esto desorganiza a los roedores, y les priva de su biotopo natural.
— Proteger los troncos de los árboles con tubos de plástico hendidos longitudinalmente.

¿QUÉ ES UN PARÁSITO?

— Untar los troncos de los árboles con un preparado a base de tiram, que es un potente repelente.
— Utilizar trampas para ratas y cebos envenenados (los rodenticidas provocan la muerte de distintas formas: por ejemplo, con un anticoagulante el animal muere por una hemorragia interna).

LOS PÁJAROS

Los pájaros son muy perjudiciales pero también unos organismos beneficiosos en la lucha contra los insectos. Para el huerto doméstico una buena protección será suficiente: los espantapájaros, las tiras de papel de aluminio, igual que los pequeños trucos para evitar los daños sin privarnos la mismo tiempo de su presencia y de sus cantos, que nos indican el paso del tiempo y de las estaciones.

El estornino

Este pájaro mide alrededor de unos 17 centímetros y anida en las anfractuosidades de los muros o de los graneros. Los estorninos se desplazan por millares y provocan graves daños. Como consecuencia de ser una gran colectividad, provocan quemaduras con sus numerosas y masivas deyecciones de guano y rompen muchas ramas. Se alimentan de insectos, de granos y de frutos, según las estaciones.

La corneja

Los daños que provoca tienen consecuencias en los cultivos extensivos. Su alimentación es muy variada: se alimenta de granos, de frutos y de insectos.

LOS MÉTODOS DE LUCHA CONTRA LOS PARÁSITOS Y LAS PLAGAS DEL JARDÍN

LA PREPARACIÓN DEL SUELO

El refrán popular «Más vale prevenir que curar», encaja perfectamente con la actitud que debe adoptar todo buen jardinero. Para prevenir de forma adecuada la aparición de plagas y de parásitos es fundamental, por una parte, conocer bien la naturaleza del propio terreno, los insectos y otros organismos «beneficiosos», y por otra, conocer cuáles son las especies que se adaptan mejor. Evidentemente, plantar especies vegetales en un suelo que no es el adecuado es propiciar la aparición de plagas y de enfermedades, que se aprovecharán de la debilidad de estas especies.

Conocer la naturaleza del suelo

El suelo es la parte visible que revela la naturaleza de la roca sobre la que se ha formado. Las rocas graníticas o volcánicas se llaman «primitivas»; las que resultan del endurecimiento de los sedimentos marinos se llaman «sedimentarias».

En España encontramos, básicamente, tres tipos de suelos:
— suelos formados sobre rocas volcánicas o graníticas;
— suelos formados sobre rocas sedimentarias;
— suelos aluviales y de valle;

En distinta proporción, según la región, el suelo se compone de:
— *arcilla*: material que sirve de agregante a los demás elementos;
— *limo*: material fino que favorece la fertilidad del suelo;
— *arena* (a veces, de origen silíceo): que va desde la arena fina hasta los guijarros; permite la circulación del aire en el suelo;
— *caliza* (carbonato cálcico): sustancia blanca que puede encontrarse en forma de piedras o de polvo. Contribuye a regular el equilibrio ácido-base en el suelo;
— *humus*: proviene de la descomposición de restos vegetales: hojas, estiércol, etc.

La proporción ideal entre estos diferentes elementos es la siguiente (corresponde a los suelos llamados tierra franca):
— 65 % de arena
— 20 % de arcilla
— 10 % de humus
— 5 % de caliza.

Además, el suelo es el hábitat de numerosos organismos (lombrices, bacterias, nematodos, ciempiés, hongos) y de diversas sustancias minerales.

CÓMO DEFENDER EL JARDÍN DE PARÁSITOS Y OTRAS ENFERMEDADES

Clasificación visual y manual del suelo

Existen diversas técnicas para determinar la naturaleza del suelo.

A SIMPLE VISTA

Por el color se puede comprender el tipo de suelo que tenemos:

— el suelo es de color amarillo, yesoso: la tierra es calcárea.
— el suelo es de color rojo: la tierra es arcillosa.
— el suelo es de color pardo: es una tierra franca.
— el suelo es muy negro y esponjoso: la tierra es ácida.

Observando las especies vegetales que crecen espontáneamente:

- En los *suelos ácidos*, crece:
— cola de caballo;
— helecho;
— brezo;
— verónica;
— acederilla;
— retama;
— tojo;
— pino ródeno;
— pino albar.
- En los *suelos calizos,* crece:
— amapola;
— trébol blanco;
— tomillo;
— espliego;
— boj;
— cardo;
— enebro.
- En *suelos arcilloso-calcáreos*, crece:
— menta;
— grama;
— cólchico;
— cardo;
- En *suelos ricos y francos,* crece:
— ortiga;
— trébol.

MANUALMENTE

Tomar un puñado de tierra ligeramente húmeda y amasarla:

— si se desliza y se deshace entre los dedos, el suelo es arenoso;
— si permanece compacta sin romperse cuando cae al suelo, es arcillosa;
— si se aglomera y se rompe con suavidad al caer, es un suelo franco, ideal para las plantas del jardín.

Los análisis

Si después de utilizar estas técnicas todavía existen dudas sobre el tipo de suelo, conviene saber que en las jardinerías se pueden adquirir pequeños *kit* para realizar el análisis del suelo. También se pueden enviar muestras de tierra (hay que tomar varias muestras en diferentes lugares del terreno), a un laboratorio especializado que proporcionará un detallado estudio del suelo de su propiedad.

LA PREPARACIÓN DEL SUELO

Cuando conozca la naturaleza del suelo, ya no hay excusa: no insista en plantar las especies que no se adaptan al tipo de terreno.

Los fertilizantes

Para llevar a cabo correctamente el cultivo y el mantenimiento de las plantas del jardín y limitar la presencia de parásitos, hay que realizar una serie de operaciones, tales como la eliminación de las malas hierbas, que acarrean la presencia de algunos parásitos (como, por ejemplo, la *Capsella bursa-pastoris*, que favorece la diseminación de la roya blanca de las crucíferas).

No nos cansaremos de recomendar la eliminación manual de malas hierbas o la utilización de herbicidas caseros.

El gran inconveniente de los herbicidas muy potentes es que eliminan también las hierbas buenas y, además, su acción es muy duradera; es preferible utilizar herbicidas foliares, que se aplican únicamente sobre las plantas realmente indeseables. En la medida de lo posible, es recomendable de forma regular aplicar abonos y fertilizantes que corrijan las eventuales carencias del terreno y lo enriquezcan en las sustancias nutritivas necesarias para el crecimiento y el óptimo desarrollo de los vegetales.

Los abonos

Se distinguen dos tipos de abonos.

Los abonos de *origen animal,* como el estiércol de vaca o de caballo, los excrementos de las aves de corral (que se utilizan mezclados con polvo de roca, mantillo y cenizas debido a su fuerte corrosividad).

La fermentación del estiércol produce humus y favorece la circulación del aire. Es conveniente situar el estiércol a unos diez centímetros bajo tierra.

Los abonos de *origen vegetal* están formadas por distintos materiales que han sufrido un largo proceso de fermentación.

La *turba* es un material orgánico que suele ser de pH ácido, aunque se comercializan turbas con el pH corregido. Sin embargo, se ha de intentar utilizar sustitutos, ya que la turba es un recurso natural que se explota en yacimientos, y han sido necesarios miles de años para su formación.

El *mantillo o compost* es una mezcla de hojas, de tierra y de arena en distintas proporciones, según las necesidades.

La *tierra de brezo* está formada por una mezcla de distintos materiales orgánicos (corteza pino, turba...). Por lo tanto, tiene el pH ácido y se utiliza en la plantación de especies acidófilas.

Así pues, si su tierra es arcillosa, la puede aligerar con abonos orgánicos, turba y un poco de ceniza mezclada.

Si su tierra es más bien calcárea, enmendarla con aportes de turba, que es ácida.

Si su tierra es ácida, neutralícela con abonos calizos.

CÓMO DEFENDER EL JARDÍN DE PARÁSITOS Y OTRAS ENFERMEDADES

CÓMO HACER EL COMPOST

Si puede conseguir estiércol o quiere reciclar de forma eficaz los residuos orgánicos, puede hacerse usted mismo el compost.

En un silo previsto para este fin, alternar sucesivamente una capa de restos vegetales: hierba segada, hojas muertas, residuos domésticos orgánicos (mondas) y una ligera capa de tierra. Conviene humedecerlo cuando el tiempo es muy seco. Hay que tener la precaución de no utilizar los restos vegetales afectados por alguna enfermedad criptogámica o bacteriana.

También se puede añadir algún activador de los procesos fermentativos.

Las dimensiones del silo se adaptarán a las necesidades concretas. Las dimensiones más habituales suelen ser de 1 m × 1 m.

Los elementos nutritivos

Los abonos por sí solos no pueden aportar al suelo todos los elementos nutritivos necesarios.

Estos elementos se pueden adquirir ya listos para su aplicación bajo la forma de preparados. Tres de estos elementos nutritivos, a menudo resumidos bajo las conocidas siglas NPK, son indispensables para el buen desarrollo de los vegetales.

Estos abonos se encuentran disponibles en los comercios en distintas proporciones según las diferentes necesidades.

EL NITRÓGENO (N)

Los aportes de nitrógeno permiten acelerar el crecimiento de las plantas.

Un suelo seco, arenoso y de color claro, suele ser generalmente pobre en nitrógeno.

EL FÓSFORO (P)

El fósforo regula la nutrición de las plantas y favorece el desarrollo de las bacterias que fijan el nitrógeno. Un terreno ácido donde las hojas de las plantas son de color verde pálido manifiesta una carencia de fósforo.

EL POTASIO (K)

El potasio facilita la síntesis de los hidratos de carbono y activa las funciones de las hojas.

Una planta que recibe aportes de potasio resiste mejor las enfermedades (la planta con menos contenido en azúcares y más en almidón, es menos atractiva para los pulgones).

LA PREPARACIÓN DEL SUELO

LOS ABONOS CALIZOS

Consisten en efectuar un aporte de cal al suelo. Esta práctica se realiza, sobre todo, en los suelos ácidos. Se puede llevar a cabo añadiendo carbonato cálcico, en estercoladura, con cal viva –óxido de calcio (se debe usar con precaución, ya que provoca quemaduras en los vegetales)–, o cal apagada –hidróxido de calcio–. Se suele realizar una vez al año.

La ausencia total de cal puede producir en algunos vegetales sensibles ciertas enfermedades: hernia de la col, momificado de los frutales.

EL ABONO VERDE

El abono verde consiste en fertilizar el suelo enterrando plantas como la alfalfa, los guisantes, el trébol, que se siembran en el mismo sitio. Se trata de una práctica ancestral, que actualmente se denomina abono verde.

El drenaje

El drenaje es una técnica de cultivo a la que tal vez tengan que recurrir si el suelo no evacua rápidamente el exceso de agua. Para saberlo, se puede realizar una simple prueba: cavar un hoyo en el punto más bajo del jardín y controlar el fondo del agujero después de una fuerte lluvia. Si al cabo de unos días (tres o cuatro), el agua no ha desaparecido, se puede considerar que el drenaje natural del terreno es insuficiente.

Esto tiene como consecuencia que los vegetales crecen lentamente, con poco vigor, y resultan más sensibles a las enfermedades y a la presencia de plagas.

Existen varias soluciones:

— labrar la tierra y enriquecerla con mantillo y estiércol, labor que se realizará en otoño;
— proceder caso a caso: si algunos de los árboles sufren por un mal drenaje, cavar en la proyección de la copa una pequeña zanja y rellenarla de grava, de arena y de humus;
— instalar un sistema de drenaje con tubos de plástico o de barro cocido que estarán conectados a un sumidero instalado en el punto más bajo del jardín.

LOS DIFERENTES MÉTODOS DE LUCHA FITOSANITARIA

La lucha contra los parásitos y las plagas puede abordarse de dos formas: optar por un único método o adoptar el sistema de la lucha integrada, que combina a la vez técnicas de cultivo (operaciones manuales practicadas sobre los vegetales), técnicas biológicas, técnicas etiológicas consistentes en explotar los sistemas de organización de la fauna y la flora y, como último recurso, las técnicas químicas. Cada una de ellas completa las carencias de las otras, como si se tratara de un gran puzzle al que añadimos los principios de la asociación de cultivos (basados en las relaciones entre las distintas especies de plantas).

Técnicas de cultivo, mecánicas y físicas

Consisten en diferentes operaciones que cualquier jardinero practica sin darse cuenta:

— la preparación del terreno y los abonos;
— la rotación de cultivos: se trata de una técnica de cultivo que desplaza los vegetales de año en año para evitar el agotamiento del suelo y limitar la proliferación de ciertos parásitos específicos de ciertas hortalizas,
— la eliminación de las plantas enfermas quemándolas;
— la instalación de trampas, sacos con frutos, mallas antipájaros, espantapájaros, protección de las semillas...;
— la supresión de los chancros y de las heridas: cirugía, desinfección, cuidar las heridas.

La lucha biológica

La lucha biológica exige una tratamiento fitosanitario a base de productos que no sean nocivos para el medio ambiente.
Escoger esta opción requiere, a menudo, más esfuerzo y tiempo, pero compensa al jardinero por las cosechas y las flores exentas de cualquier rastro de pesticidas, herbicidas...
La lucha biológica autoriza los siguientes productos.

LOS DIFERENTES MÉTODOS DE LUCHA FITOSANITARIA

LISTA DE PRODUCTOS AUTORIZADOS EN LA LUCHA BIOLÓGICA	
Preparación a base de piretrinas	insecticida
Extractos de Chrysanthemum cinerariefolium	insecticida
Preparación a base de Derris elliptica	insecticida
Preparación a base de Ryana speciosa	
Propolis	
Tierra de diatomeas	
Polvo de rocacomo	prevención: anticriptogámico, cuando el clima es húmedo insecticida, abono que corrige los suelos pesados
Preparación a base de metaldehído	molusquicida
Azufre	fungicida
Caldo bordelés	fungicida
Caldo borgoñón	fungicida
Silicato de sodio	abono
Bicarbonato de sodio	
Jabón potásico	insecticida
Reparación a base de feromonas	trampas para insectos
Tratamiento a base de Bacillus thuringiensis	insecticida
Aceites vegetales y animales	tratamientos de los árboles
Aceite de parafina	insecticida

Los productos mojantes permiten conferir una mayor eficacia a las sustancias activas que vehiculan haciendo permeables los cuerpos de ciertos insectos. Estos productos son: jabón negro, terpeno y extractos de algas marinas.

Los organismos beneficiosos

Bajo esta denominación se incluye la fauna y la flora que, por su modo de vida y por su comportamiento, se alimenta de los parásitos y de las plagas del jardín.

Las bacterias

La más conocida es el célebre *Bacillus thuringiensis*, útil particularmente sobre las orugas de las mariposas. Hoy en día se comercializa lista para su empleo: se dispersa sobre los vegetales más sensibles. El *Bacillus thuringiensis* actúa sobre la pieris, la falena, la oruga cigarrera de robles y encinas, la oruga de librea, las procesionarias del pino, de robles y encinas, etc.

Los ácaros

Los ácaros depredadores se parecen mucho a las arañas rojas que, en realidad, devoran. No miden más de 0,5 milímetros. Estos ácaros depredadores se crían en viveros, pero en estado natural los hallamos en el envés de las hojas.

Los cárabos

Se trata de grandes coleópteros de 40 milímetros cuyo caparazón posee reflejos metálicos (cárabo dorado). Pueden suscitar incluso admiración, ya que son muy beneficiosos: se alimentan de babosas, orugas y lombrices de tierra (no hay que olvidar que las lombrices también son organismos beneficiosos).

Los murciélagos

Estos animales noctámbulos, completamente inofensivos a pesar de su apariencia, se desplazan lanzando agudos chillidos, los ultrasonidos, gracias a los que localizan a sus presas. Los murciélagos comen los insectos de hábitos nocturnos.

Hay que dejar un lugar para que se refugien los murciélagos; a menudo son víctima de los productos «xylo» con los que se protege la madera de los tejados y las vigas de las casas de campo, que son los lugares donde suelen refugiarse.

El cárabo dorado es un devorador de orugas y babosas

Las mariquitas

A principios de siglo ya se descubrió que las mariquitas eran depredadoras. La más conocida de estos organismos beneficiosos pertenece a una familia que consta de unas cuatro mil especies en todo el mundo. Tienen el cuerpo abombado y con distintos dibujos. Miden entre 3 y 8 milímetros. Las mariquitas de dos o siete puntos son voraces depredadoras de pulgones y de cochinillas, hasta el punto que, después de haber hiber-

LOS DIFERENTES MÉTODOS DE LUCHA FITOSANITARIA

nado se despiertan en primavera y ponen sus huevos cerca de la colonias de pulgones. También se alimentan de cochinillas. Las mariquitas están amenazadas por los insecticidas de síntesis y vegetales.

Los sapos y las ranas

Los batracios pueden consumir hasta diez mil insectos en tres meses y les gustan tanto los grillos como las larvas, los escarabajos y las hormigas.

Para facilitar la presencia de batracios en el jardín conviene instalar una pequeña charca o estanque.

Mariquita de siete puntos. Hay que tener cuidado de no utilizar pesticidas que puedan matar estos valiosos ayudantes de los jardineros

Las avispas parásitas (Hymenoptera)

Este organismo beneficioso, utilizado a gran escala, vive a expensas de numerosas especies depositando sus huevos en las larvas de otros insectos.

Se trata sin ninguna duda de una ayuda preciosa, ya que parasita unos quinientos pulgones de media una vez ha llegado la primavera.

Las avispas parásitas hibernan en el cuerpo de los pulgones y les gusta instalarse en la corteza del saúco.

La rana es un valioso aliado del jardinero. No dude en instalar una pequeña charca en el jardín para atraerlas

Los erizos (Erinaceus europeus)

Miden entre 23 y 30 centímetros y su espalda esta cubierta de más de dieciséis mil espinas.

El erizo tiene la particularidad de enroscarse en una bola cuando siente que se aproxima un peligro.

Para atraer este pequeño animal noctámbulo al jardín, se debe instalar un gran cuenco con leche cubierto con una protección (improvisar la protección con un tapacubos de basura por ejemplo, levantado del suelo unos 10 centímetros). A cambio de este alimento, el erizo le rendirá grandes servicios y le librará de los caracoles, babosas y serpientes.

Los pequeños erizos suelen nacer en el mes de mayo-junio y hay unos cinco por camada.

CÓMO DEFENDER EL JARDÍN DE PARÁSITOS Y OTRAS ENFERMEDADES

Los hemerobius

Son los componentes de la familia de los Hemeróbidos. La larva se nutre de numerosos pulgones. En caso de peligro, los hemerobius son capaces de permanecer inmóviles durante varias horas.

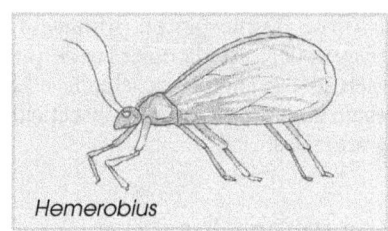
Hemerobius

Los cecidómidos

Estos mosquitos de las agallas tienen hábitos muy diversificados. Algunos parasitan los vegetales, otros son depredadores cuyas larvas se nutren, básicamente, de pulgones y de ácaros. Estas pequeñas moscas ponen sus huevos en las colonias de pulgones.

Las crisopas

También llamadas *lobos de los pulgones,* por su eficacia cazando pulgones en estado larvario y adulto. Miden unos 30 milímetros. Por sus ojos de aspecto metálico reciben el nombre de «ojos dorados», y por el aspecto de sus alas, «alas de encaje», ya que muestran unas finas nerviaciones. En verano, las crisopas son atraídas por la luz y su actividad es principalmente crepuscular. Las larvas miden de 7 a 8 milímetros, y están provistas de largos pelos sobre la espalda y dos fuertes pinzas que les sirven de mandíbulas.

Los lagartos y las lagartijas

Plinio *el Viejo* aconsejaba colocar lagartos y lagartijas sobre las ramas de los manzanos para alejar a los gusanos. Han transcurrido más de dos mil años y el consejo sigue vigente. Efectivamente, los lagartos y las lagartijas, especies protegidas, se alimentan de larvas, orugas, babosas y lombrices. Hay que protegerlos de sus numerosos depredadores. Se esconden principalmente bajo las piedras y miden unos 20 centímetros.

El lagarto es una especie que hay que proteger

Los paros

Se trata de unos pájaros beneficiosos y además son una especies protegida. Se alimentan de numerosos insectos, sobre todo en época de reproducción y nidificación. Se pueden instalar nidos con un orificio de unos 30 milímetros de diámetro.

LOS DIFERENTES MÉTODOS DE LUCHA FITOSANITARIA

Las musarañas

Estos pequeños roedores de largo hocico acabado en punta son animales noctámbulos muy golosos de los insectos, de larvas y babosas. Miden, según las especies, entre 4 y 8 centímetros.

Los topos

El topo tiene muy mala reputación y se han difundido numerosas ideas equivocadas sobre este organismo beneficioso de hábitos subterráneos. Durante mucho tiempo se ha creído que el topo era hemofílico y se colocaban trozos de cristal en sus galerías para que muriera a causa de las hemorragias.

Se debe evitar destruir a los topos: son insectívoros y favorecen, por sus múltiples desplazamientos, la circulación del aire en el suelo.

Si no se soportan las trazas de su actividad (como la tierra revuelta, tan valiosa como el mantillo para las plantas en macetas), se pueden alejar tapando las galerías con trapos empapados con esencia de trementina. También existen repelentes electrónicos que envían unas vibraciones que los asustan.

Los sírfidos

Los sírfidos parecen avispas. Ponen sus huevos de uno en uno entre las colonias de pulgones. Las larvas, hasta que han completado la metamorfosis, consumen una media de cuatrocientos pulgones. Las ninfas se cuelgan de las hojas de los árboles o de las plantas. En el estado de imago, su régimen alimenticio se vuelve prácticamente vegetariano: polen y melaza.

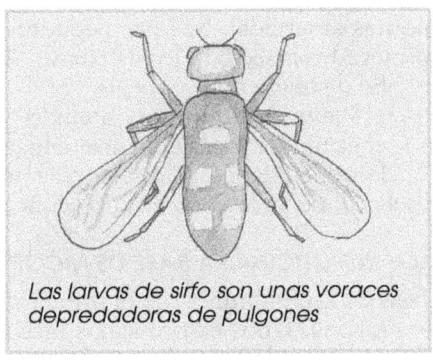

Las larvas de sirfo son unas voraces depredadoras de pulgones

Las chinches depredadoras

Algunas chinches (las chinches de las plantas, los míridos y los sáldidos), son voraces depredadoras de insectos.

Las tijeretas *(Forficula auricularia)*

La creencia popular señala que las tijeretas se agarran a los lóbulos de las orejas con la ayuda de sus pinzas. Las tijeretas duermen bajo las cortezas, las placas, las hojas; su ayuda es muy valiosa en arboricultura. Conviene confeccionarles un refugio con

CÓMO DEFENDER EL JARDÍN DE PARÁSITOS Y OTRAS ENFERMEDADES

una maceta de barro que primero llenaremos con hojas, musgo y que ataremos a la rama de un árbol. Su presencia es indeseable para plantas como las dalias, los crisantemos o las clemátides. Para desembarazarse de ellas pulverizaremos las hojas con agua mentolada (infusión de hojas) o un insecticida.

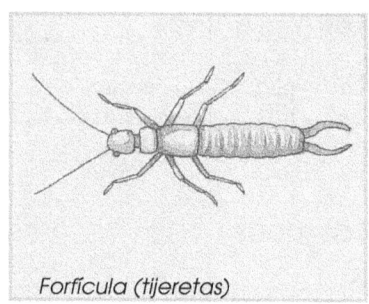

Forfícula (tijeretas)

La lucha química

La primera generación de insecticidas: los insecticidas vegetales y minerales
(actualmente autorizados y utilizados en agricultura biológica)

LOS ACEITES

Vegetales o minerales, los aceites tienen, por sus propiedades antiparasitarias (insecticidas y acaricidas), una gran eficacia. Se utilizan esencialmente en árboles para combatir los insectos que se instalan sobre la corteza y donde las larvas eclosionan rápidamente, provocando serios daños sobre las hojas. Se asocian a un insecticida y se utilizan puros (distinguiremos dos tipos, los aceites blancos y los aceites amarillos). Sus propiedades emolientes reblandecen la capa cerosa que protege los insectos y los asfixian.

Se distinguen:
— el aceite de alquitrán: obtenido por destilación de la hulla;
— el aceite de petróleo o aceite blanco.

Pero, ¡cuidado!, sólo se pueden utilizar los aceites en los árboles de hoja caduca y cuando ya la han perdido (nunca utilizar sobre los de hoja perenne).

LOS INSECTICIDAS A BASE DE NICOTINA

Jean de La Quintinie fue el primero en descubrir las propiedades insecticidas de la nicotina. Unos cuatro siglos más tarde, los jardineros la utilizan todavía para luchar contra los parásitos. Además de las preparaciones listas para su uso que se encuentran en los comercios, uno mismo puede hacer una decocción de tabaco y pulverizar las plantas con el líquido resultante.

LOS INSECTICIDAS A BASE DE ROTENONA

La rotenona es un extracto de derris, planta originaria de los países tropicales. Se autoriza su empleo en agricultura biológica. La rotenona resulta muy tóxica para los peces.

LA CASSIA

La madera de cassia es una madera exótica con cuya corteza triturada se prepara un líquido para tratar los árboles frutales. También está autorizado en agricultura biológica.

LOS DIFERENTES MÉTODOS DE LUCHA FITOSANITARIA

LAS TRAMPAS CON FEROMONAS: UN SISTEMA DE ALARMA PARA LOS JARDINEROS

Los insectos segregan unas sustancias llamadas feromonas, que les permiten establecer comunicaciones entre ellos y transmitir informaciones de diversa índole (feromonas sexuales, de alarma, marcas territoriales...). Los investigadores han podido aislar estas feromonas y reproducirlas sintéticamente. Se utilizan, sobre todo, para tender una trampa a la carpocapsa. Las trampas de feromonas se hallan disponibles en los comercios. El sistema de funcionamiento es bastante simple: una cápsula libera feromonas sexuales que atraen a los machos hacia una trampa con liga donde quedan atrapados. Cuando se recogen más de una veintena de individuos conviene tratar el árbol con un insecticida.

EL PIRETRO

No fue hasta principios de este siglo que los investigadores descubrieron las propiedades insecticidas del piretro, que todavía se utiliza en la actualidad.

La segunda generación de insecticidas: los insecticidas de síntesis

Se trata de una categoría de insecticidas artificiales creados a partir de compuestos químicos básicos. El primer insecticida de síntesis fue el famoso DDT, al que siguieron una gran cantidad de productos que se clasifican en cuatro categorías:
— los insecticidas organoclorados;
— los insecticidas organofosforados;
— los carbamatos;
— los piretroides.

El mayor problema con los insecticidas de síntesis lo ha generado la utilización masiva que se ha llevado a cabo en estos últimos decenios: graves problemas de polución (residuos en las capas freáticas, el suelo, los frutos y las hortalizas que consumimos, a modo de ejemplo) y que algunos parásitos se vuelvan rápidamente resistentes a la acción de estos insecticidas. Es por ello que nos permitimos recomendar, en la medida de lo posible, practicar la jardinería y la horticultura dando siempre prioridad a los productos biológicos.

Los fungicidas

La primera generación: los fungicidas minerales

Las propiedades del azufre y del cobre se utilizan y conocen desde siempre, sin embargo no es hasta el siglo XIX que de las investigaciones llevan al nacimiento de

CÓMO DEFENDER EL JARDÍN DE PARÁSITOS Y OTRAS ENFERMEDADES

nuevos productos que todavía se utilizan en la actualidad. Citaremos el popular caldo bordelés, creado en 1885 y utilizado inicialmente para tratar la viña.

Se encuentra todavía en todos los armarios de productos y herramientas de los jardineros. Se trata de una mezcla de cal viva y de sulfato de cobre. Poco después se descubrió otro producto con propiedades fungicidas en el que se sustituye la cal por el carbonato de sosa: el caldo borgoñón.

Los científicos de esta época se han dedicado también al estudio del azufre que se utiliza actualmente para combatir el oídio.

Distinguimos tres preparaciones distintas:
— el azufre triturado (el mineral es simplemente molido y transformado en polvo);
— sublimado (obtenido por condensación del vapor);
— mojable (mezclable al agua gracias a productos mojantes).

PARA TOMAR NOTA

El azufre, el caldo bordelés y el caldo borgoñón están autorizados para la lucha biológica.

La segunda generación: los fungicidas de síntesis

Aparecidos en gran medida a partir de la segunda guerra mundial, tienen la ventaja de no ser fitotóxicos, y de que, algunos de ellos, favorecen el desarrollo de los árboles o de las plantas tratadas; sin embargo, otros generan parásitos, por ejemplo, los ácaros.

Existe una gran variedad de fungicidas sintéticos que se asocian a veces a los fungicidas minerales (se puede mezclar el cobre y el zineb, por ejemplo). Los fungicidas sistémicos se mezclan directamente con la savia y se difunden por todo el vegetal; facilitan la labor de los jardineros ya que se utilizan de forma preventiva y su acción sistémica perdura bastante tiempo. En el lado opuesto se encuentran los fungicidas de contacto, que actúan, como su nombre indica, sobre la superficie de las zonas tratadas.

LOS ANTIBIÓTICOS

Numerosas investigaciones se han puesto en marcha para estudiar la utilización de posibles cepas antibióticas en la lucha anticriptogámica. Mientras tanto, los investigadores mantienen sus interrogantes en cuanto a las resistencias que podrían desarrollar rápidamente los hongos frente a estos antibióticos. Son fitotóxicos.

LOS DIFERENTES MÉTODOS DE LUCHA FITOSANITARIA

La lucha contra las bacterias y los virus

A pesar de las numerosas investigaciones, los científicos tienen ciertas dificultades a la hora de encontrar la solución ideal para luchar contra ellos. En todo caso, no está al alcance del jardinero aficionado (desinfección del suelo, tratamientos térmicos, cultivo de meristemas...). Sin embargo este deberá, de forma preventiva, efectuar una correcta rotación de cultivos, cuidar bien el suelo, utilizar semillas certificadas exentas de contaminantes, dirigirse a un profesional para realizar un diagnóstico en un laboratorio y conocer los remedios adecuados para tratar a los vegetales afectados.

La asociación de cultivos

Los principios que rigen la asociación de cultivos se basan en unos parámetros sencillos: las plantas son como los seres humanos: tienen afinidades o se repelen, ya que tienen propiedades antiparasitarias. De ello se desprende que una buena organización del huerto ayudará a las plantas sembradas a estimularse las unas a las otras para crecer mejor, y se desarrollará una acción antiparasitaria de una con otra. Plantar, por ejemplo, las judías verdes al lado de las patatas: las primeras protegerán a las segundas de su terrible enemigo, el escarabajo de la patata.

¿CÓMO UTILIZAR LOS PRODUCTOS FITOSANITARIOS?

Con un simple paseo por una jardinería es fácil darse cuenta de la gran diversidad de productos fitosanitarios. Algunos se utilizan de forma preventiva (por ejemplo, los fungicidas que se aplican en pulverización en invierno sobre los árboles frutales), otros son curativos, es decir, se aplican después de constatar la presencia de los parásitos sobre el vegetal. A menudo se utilizan de forma preventiva y curativa. Se distinguen dos modos de actuar: los tratamientos sistémicos y los tratamientos de contacto. El tratamiento sistémico consiste en hacer circular el producto hacia el interior del vegetal: transportado por la savia, se difunde por toda la planta.

TRATAMIENTO SISTÉMICO ¿EN GRANULADO O EN LÍQUIDO?

Son preferibles los granulados sistémicos para luchar contra la proliferación de los insectos perjudiciales. Tienen la ventaja, sobre los sistémicos que se pulverizan, de eliminar sólo a los insectos perjudiciales (los que alimentan de savia) y de proteger a los insectos beneficiosos (mariquitas, sírfidos, ...). Los granulados sistémicos se aplican durante el periodo vegetativo. Se deben enterrar unos 5-10 cm bajo tierra.

El tratamiento de contacto, tal como su nombre indica, sólo actúa sobre la superficie del vegetal.

¿TRATAMIENTO SISTÉMICO O DE CONTACTO?

	producto sistémico	producto de contacto
Pulgones en el envés de las hojas	S	
Insectos que viven en galerías en las hojas	S	
Pulgones u orugas que alcanzamos pulverizando		C
Enfermedades criptogámicas	S	
Prevención		C

¿CÓMO UTILIZAR LOS PRODUCTOS FITOSANITARIOS?

ALGUNOS CONSEJOS SOBRE SEGURIDAD

Los productos fitosanitarios deben respetar unas normas de presentación y aplicación muy estrictas, deben precisar de la forma más clara posible la composición de los productos y su modo de utilización.
　　Se han de conservar los productos en un local cerrado con llave.

¿Qué herramientas utilizar?

Además del material necesario para trabajar la tierra (azada, pala, legón, rastrillo, almocafre...) hay que disponer de un pulverizador, cuyo tamaño dependerá de la superficie a tratar, y de un aparato aplicador de polvo.
　　Después de cada aplicación, no se deben tirar los restos en cualquier parte, se enterrarán en un lugar lejos de cualquier curso de agua.
　　Entre dos aplicaciones se enjuagará cuidadosamente el pulverizador para eliminar los residuos tóxicos del producto aplicado, y se hará funcionar unas cuantas veces el aparato para limpiar el tubo y la lanceta.

¿Cuándo y cómo realizar los tratamientos?

Tratar siempre con tiempo soleado, sin viento, procurando repartir el producto de forma uniforme sobre las hojas. Evitar la formación de gotas demasiado grandes. La pulverización debe propulsar el producto en forma de fina niebla para que la materia activa provoque un máximo efecto.

¿QUÉ DIMENSIONES DEBE TENER EL PULVERIZADOR?

Conviene adaptar el tamaño del pulverizador a las dimensiones del jardín:
- para una superficie de menos de 400 m^2: un pulverizador de 2 a 5 litros;
- para una superficie de 400 a 800 m^2: un pulverizador de 5 a 8 litros;
- para una superficie de 800 m^2: un pulverizador de 8 litros.

CÓMO ALEJAR LAS PLAGAS Y LOS PARÁSITOS DE LAS PLANTACIONES

Facilitamos a continuación 50 consejos muy útiles:

1. Esparcir las cenizas de la leña alrededor de las coles y de las coliflores. Tienen la propiedad de alejar las babosas y los caracoles.

2. Las capuchinas alejan numerosos insectos (mosquitas blancas, pulgones) de las hortalizas y de las verduras que se encuentran plantadas cerca.

3. Los bulbos de la familia de las liliáceas repelen los conejos de las coles y alejan las moscas de las zanahorias.

4. Proteger la corteza de los frutales de los daños provocados por los conejos que roen la base del tronco.

5. Utilizar tiras pegajosas para controlar los insectos de los árboles.

6. Contra las mosquitas blancas, realizar una minifumigación cerca de la planta infestadas con hojas de roble o encina.

7. Las arañas son unas grandes consumidoras de insectos, hay que protegerlas.

8. Las judías y el lino protegen a la patata del escarabajo de la patata.

9. Los claveles de moro, las dalias y la salvia, plantados en el huerto, alejan los nematodos.

10. Las petunias alejan los coleópteros.

11. El romero, además de sus propiedades antisépticas, aleja la mosca de la zanahoria y la crisomela de las judías.

12. El tomillo aleja la pieris o mariposa blanca de la col.

13. El piretro, utilizado en numerosos insecticidas, es una especie que, una vez plantada, aleja de forma natural los pulgones y la pieris o mariposa blanca de la col.

14. La lavanda, el toronjil, el eucalipto y el laurel alejan los insectos.

15. Antes de adquirir las plantas en una jardinería o en un vivero, conviene informarse de las cualidades de resistencia de la planta que quiere adquirir: actualmente se conocen numerosas variedades resistentes a ciertas enfermedades.

CÓMO ALEJAR LAS PLAGAS Y LOS PARÁSITOS DE LAS PLANTACIONES

16. El perejil protege las rosas de los escarabajos.

17. La santolina aleja los lepidópteros.

18. La euforbia aleja los ratones.

19. El tanaceto plantado bajo los árboles frutales aleja los insectos taladradores y perforadores.

20. Añadir siempre un poco de jabón en escamas a las decocciones caseras antes de pulverizar.

21. Para conseguir una buena cosecha de los gusanos blancos, cortar las patatas en dos y enterrarlas varios centímetros bajo tierra, con el corte hacia abajo. Colocar encima de la patata un bastoncillo. Esperar algunos días y recoger los gusanos que se han acercado al cebo.

22. Para prevenir los daños de los gusanos grises, plantar tanaceto entre los cultivos.

23. Para alejar las babosas, no hay nada mejor que el purín de babosa. Esta preparación, un poco repugnante, es muy eficaz: recoger un buen número de babosas y añadir sal gorda. Dejar durante varias horas que purguen y filtrar. Diluir esta preparación con un poco de agua y pulverizar sobre los vegetales que quiera proteger.

24. Guardar el agua de hervir las patatas y utilizarla pulverizándola para combatir los pulgones.

25. Para favorecer la presencia de organismos beneficiosos útiles en la lucha fitosanitaria, dejar que en un rincón del jardín proliferen las hierbas y las flores silvestres. Umbelíferas, amapolas, saúco, trébol, damasquina, achicoria, escaramujo... ya que acogen numerosos insectos como las mariquitas, las abejas, los sirfos, las crisopas, etc., que son de gran ayuda en la lucha antiparasitaria.

26. Plantar lavanda al lado de los rosales, esto alejará (entre otros) los pulgones verdes.

27. Sembrar la cebolla al lado de las zanahorias, esto alejará las moscas de la zanahoria.

28. Receta del caldo bordelés: su popularidad ha conquistado a más de un jardinero aficionado. Son incontables las propiedades de este producto, originariamente utilizado para las viñas. Se puede encontrar en el comercio bajo la forma de un polvo soluble, o bien prepararlo uno mismo en casa. He aquí la receta para preparar 10 litros:
— diluir 80 gramos de cal en 5 litros de agua;
— diluir 180 gramos de sulfato de cobre en 5 litros de agua igualmente;
— realizar la mezcla y pulverizar sobre la planta o el árbol a tratar.

29. Un pequeño alambre de cobre al pie de las berenjenas las protegerá contra las enfermedades criptogámicas.

CÓMO DEFENDER EL JARDÍN DE PARÁSITOS Y OTRAS ENFERMEDADES

30. No sembrar las semillas demasiado juntas, las plantas resultarán más frágiles y sensibles a los ataques de los parásitos.

31. Receta de la maceración de la cola de caballo: recoger cola de caballo a principios de verano y hacer macerar 200 gramos de hojas frescas en 10 litros de agua durante varios días; filtrar antes de utilizar. Se aplica en pulverización cada diez o quince días.

32. Receta del purín de ortigas para enriquecer el suelo: 1 kilo de ortigas frescas por 10 litros de agua, se deja macerar durante tres o cuatro días, diluir este purín a una dosis de 1 litro por cada 10 litros de agua.

33. Atar a las ramas pequeñas botellas de plástico cortadas y llenas de agua azucarada en la que las hormigas y las avispas se ahogarán.

34. Proteger los frutos con bolsas antes de la cosecha para evitar los daños provocados por los pájaros.

35. La menta aleja la pieris o mariposa blanca de la col. Las infusiones de menta en pulverización alejan los roedores: aplicarlas a lo largo de su recorrido. La menta aleja también las pulguillas de la col: espolvorear entre las filas.

36. Cultivar ruda (*Ruta*); se trata de una hierba muy amarga con numerosas propiedades repelentes: los insectos se alejan del olor de la ruda. Dejar secar las hojas de ruda, reducirlas a polvo y proteger las semillas o las plantas jóvenes con este polvo.

37. Las tomateras protegen los espárragos de las temibles babosas.

38. Antes de hacer fuego en el jardín, conviene informarse en el ayuntamiento para conocer las normas de seguridad que hay que respetar. Pueden ser distintas según las regiones.

39. Entre cada utilización, limpiar y desinfectar las macetas, jardineras y tutores con agua y lejía.

40. Para hacer uno mismo una infusión de tabaco con colillas (sin filtro) hay que dejarlas macerar durante varios días. Esta decocción será muy útil para combatir los temidos pulgones.

41. Instalar un nido para acoger los paros. Al ser muy golosos de las carpocapsas resultan unos buenos aliados.

42. Para proteger los rizomas de las dalias durante el invierno hay que pulverizarlos con un producto fungicida.

43. El invierno es el aliado de los árboles frutales, aprovechar esta estación para ocuparse de los chancros y de las heridas. Tratar los troncos con aceites blancos para prevenir la aparición de numerosas plagas. Efectuar una pulverización de caldo bordelés antes de que broten las yemas para prevenir la aparición de enfermedades criptogámicas.

CÓMO ALEJAR LAS PLAGAS Y LOS PARÁSITOS DE LAS PLANTACIONES

44. Si los topos o los ratones de campo provocan demasiados daños en el jardín, utilizaremos un repelente electrónico: son pequeñas cajas que envían al suelo vibraciones que los aterrorizan.

45. Engañar el gusano del puerro, las babosillas y la pieris o mariposa blanca de la col: preparar una decocción de hojas de tomate que hay que dejar varios días en maceración; pulverizar sobre las coles. Los insectos engañados se alejarán de su manjar favorito.

46. Recoger los caracoles y las babosas temprano por la mañana antes de que se refugien en su escondite durante el día.

47. Leer periódicamente los boletines agrícolas y las revistas publicadas por los servicios de protección de los vegetales que nos mantendrán informados de la propagación de los parásitos y de los nuevos productos fitosanitarios recientemente homologados.

48. Al regar los rosales, procurar no mojar ni las flores ni las hojas para prevenir la aparición de enfermedades criptogámicas.

49. El ajenjo es un valioso aliado en el jardín. Es un potente insecticida que se utiliza en decocción.

50. Para desinfectar la tierra vegetal antes de sembrar, pasarlo por el horno a fuego medio durante dos horas y cubrirlo con una hoja de papel de aluminio.

LISTAS TÉCNICAS POR ESPECIES

Seguidamente, encontrará las principales plantas y árboles de jardín, clasificados por géneros, y los parásitos que suelen afectarlas.
Las plagas y los parásitos con un asterisco ya se han tratado en el capítulo «¿Qué es un parásito?»; los otros se tratan en las distintas listas.

LAS PRINCIPALES PLAGAS Y ENFERMEDADES DEL HUERTO

APIÁCEAS (UMBELÍFERAS)

APIO

INVERTEBRADOS
— Babosa*
— Mosca del apio*
— Mosca de la zanahoria

HONGOS
— Alternariosis
— Mal vinoso

Eptoriosis
Se trata de un hongo que permanece de un año a otro sobre los restos vegetales abandonados. Se propaga por el viento o por la lluvia. Los síntomas de su presencia se manifiestan por unas manchas pardas-rojizas repartidas por todo el follaje. Poco a poco, el vegetal afectado muere: la savia no circula.

LOS MÉTODOS DE LUCHA

• Lucha por técnicas de cultivo:
— destruir las plantas afectadas;
— realizar una correcta rotación de cultivos;
— no cultivar en terrenos demasiado húmedos.

• Lucha biológica:
— tratar con una solución a base de cobre;
— utilizar semillas sanas;
— en prevención, una decocción de cola de caballo, sobre todo cuando el tiempo sea húmedo.

HINOJO

El hinojo es poco sensible a los ataques de los parásitos gracias a sus propiedades aromáticas, que funcionan como un repelente.

ZANAHORIA

INVERTEBRADOS
— Babosas*
— Larvas de psila*
— Nematodos*

Mosca de la zanahoria (Psila rosae)
Las larvas de este pequeño insecto miden aproximadamente 4 milímetros, y excavan galerías en superficie o en profundidad. Su ciclo de desarrollo tiene lugar durante varias estaciones: las pupas hibernan en el suelo y dan lugar a moscas que depositan sus huevos cerca de las zanahorias. Son las larvas las que se nutren de las raíces carnosas entre mayo y agosto, y varias generaciones se desarrollan en un mismo año. El cuerpo es negro, las patas amarillas y la cabeza amarilla-roja.

LAS PRINCIPALES PLAGAS Y ENFERMEDADES DEL HUERTO

Alternariosis

LOS MÉTODOS DE LUCHA

• Lucha por técnicas de cultivo y biológica asociadas:
— para luchar contra estos insectos conviene quemar las plantas afectadas, efectuar una buena rotación de cultivos (esperar tres años antes de volver a plantar zanahorias), no sembrar demasiado denso;
— no dudar en plantar entre líneas con la finalidad de alejar a las moscas.

HONGOS
— Podredumbre blanca*
— Mildiu*
— Oídio*
— Podredumbre de los semilleros*

Alternariosis o podredumbre negra
Esta enfermedad criptogámica afecta básicamente a la zanahoria, al apio y también a los nabos. Se manifiesta por el ennegrecimiento de las hojas que, si hay mucha humedad, se pudren. Sobre las zanahorias se observan manchas negras.

LOS MÉTODOS DE LUCHA

• Lucha por técnicas de cultivo, mecánica y biológica:
— efectuar una rotación de cultivos larga (por lo menos de cuatro a cinco años);
— tratar con un fungicida cúprico desde la observación de los primeros síntomas.

Rizoctona
Es un hongo cuyos daños se manifiestan en las raíces carnosas: estas se cubren de un moho de color violeta intenso. Sobre la parte aérea de la planta se aprecia un marchitamiento general del follaje.

LOS MÉTODOS DE LUCHA

• Lucha por técnicas de cultivo:
— plantar siempre que se pueda en un suelo sano;
— quemar las plantas que hayan sido afectadas y esperar varios años antes de volver a plantar en el mismo lugar.

ASTERÁCEAS (COMPUESTAS)

ACEDERA

La acedera es una planta que resulta muy poco sensible a los ataques de los parásitos pero, a menudo, se suele ver afectada por las babosas y por los caracoles.

CÓMO DEFENDER EL JARDÍN DE PARÁSITOS Y OTRAS ENFERMEDADES

ALCACHOFAS

VERTEBRADOS
— Pájaros*

INVERTEBRADOS
— Caracoles*
— Babosas*
— Gusanos grises*
— Pulgones*

HONGOS
— Oídio*
— Podredumbre gris*

ENDIVIAS

HONGOS
— Podredumbre blanca*

ENSALADAS (LECHUGA RIZADA, ESCAROLA, ACHICORIA)

VERTEBRADOS
— Pájaros*
— Ratón de campo*

INVERTEBRADOS
— Babosas*
— Pulgones verdes* y pulgones de las raíces
— Gusanos grises*
— Gusanos de alambre*
— Larva de típula*

HONGOS
— *Botrytis*
— Mildiu*
— Alternariosis
— Podredumbre blanca*

El oídio, o mal blanco, cubre las hojas de lechuga de un polvillo blanco

VIROSIS
— Virus del mosaico*

BACTERIOSIS
— Marchitez bacteriana*

BRASICÁCEAS (CRUCÍFERAS)

COL

VERTEBRADOS
— Pájaros*

INVERTEBRADOS
— Babosa*
— Caracol*
— Pulguilla* (*Phyllotreta sp.*)
— Gusano gris*
— Cochinilla algodonosa*

Mariposa blanca de la col o pieris
Estas mariposas son migratorias. La mariposa blanca de la col se conforma

LAS PRINCIPALES PLAGAS Y ENFERMEDADES DEL HUERTO

con pequeños trayectos, y su oruga provoca numerosos daños en los jardines. Tiene la particularidad de no construir un capullo. Es en estado larvario cuando la mariposa blanca de la col causa mayores daños. Las orugas agujerean las hojas para llegar hasta el corazón de la planta. Estas orugas se reconocen por su dibujo a rayas amarillas y negras.

LOS MÉTODOS DE LUCHA

• Lucha por técnicas de cultivo y biológica:
— sacar las orugas de las coles;
— pulverizar con un insecticida a base de piretrina, rotenona o *Bacillus thuringiensis*.

• Lucha química (evitar siempre que sea posible):
— pulverización con insecticidas a base de malatión, por ejemplo.

Hongos
— Podredumbre de los semilleros*

Roya blanca de las crucíferas
Debe su nombre a las pústulas blanquecinas que cubren, poco a poco, las hojas. La planta atacada amarillea por toda la superficie del limbo.

LOS MÉTODOS DE LUCHA

• Lucha por técnicas de cultivo y biológica:
— no plantar demasiado denso;
— suprimir y quemar las hojas y las plantas afectadas;
— pulverizar con un fungicida a base de cobre.

Hernia o potra de la col
Este hongo ataca a todas las brasicáceas (crucíferas) y se le localiza, sobre todo, en las coles y en los rábanos. Le resultan particularmente favorables para su desarrollo los suelos ácidos, y se mantiene en la tierra durante varios años. Las malas hierbas, como el zurrón de pastor, favorecen su diseminación. Sobre las raíces aparecen unas pequeños nódulos blancos y, poco a poco, el sistema radical se pudre. La planta se empequeñece y amarillea, y llega a morir en un corto espacio de tiempo.

LOS MÉTODOS DE LUCHA

• Lucha por técnicas de cultivo:
— corregir la acidez del suelo con abonos calizos;
— destruir las plantas enfermas sin olvidar la parte de las raíces;
— larga rotación de los cultivos.

• Lucha biológica:
— utilizar la decocción de cola de caballo para sanear las raíces de las plantas jóvenes.

• Lucha química:
— sumergir las raíces de las plantas jóvenes con fungicida tipo tiram.

COLIFLOR

Vertebrados
— Pájaros*

Invertebrados
— Babosas*
— Caracoles*
— Mosca de la col*
— Gusanos grises*

Hongos
— Podredumbre de los semilleros*
— Roya blanca de las cucíferas
— Hernias de la col

85

 **CÓMO DEFENDER EL JARDÍN DE PARÁSITOS Y OTRAS ENFERMEDADES**

NABO

INVERTEBRADOS
— Babosas*
— Caracoles*
— Pulguilla*
— Gusanos grises*
— Cochinilla algodonosa*

HONGOS
— Mal vinoso
— Agalla de los nabos
— Podredumbre negra de los nabos
— Podredumbre de los semilleros*
— Roya blanca de las crucíferas

RÁBANO

INVERTEBRADOS
— Babosas*
— Caracoles*
— Mosca de la col*
— Pulguillas*

BULBOS Y PSEUDOBULBOS

AJO

INVERTEBRADOS
— Anguílulas (nematodos)*
— Tarsonemas o ácaros de los fresales*

HONGOS
— Podredumbre blanca*
— Roya

VIROSIS
— Diversos virus

CEBOLLA

INVERTEBRADOS
— Mosca * de la cebolla

HONGOS

Podredumbre de la cebolla
Esta enfermedad criptogámica se manifiesta después de la cosecha, durante el almacenaje. Las escamas se vuelven completamente blandas, y un moho gris se desarrolla en el cuello.

LOS MÉTODOS DE LUCHA

• Lucha por técnicas de cultivo:
— dejar secar muy bien los bulbos después de su recolección y evitar las heridas durante su cosecha y manipulación;
— eliminar y quemar los bulbos afectados.

ESPÁRRAGO

INVERTEBRADOS
— Mosca del espárrago*

Criocera del espárrago
Este coleóptero posee un cuerpo coloreado: rojo con marcas negras y

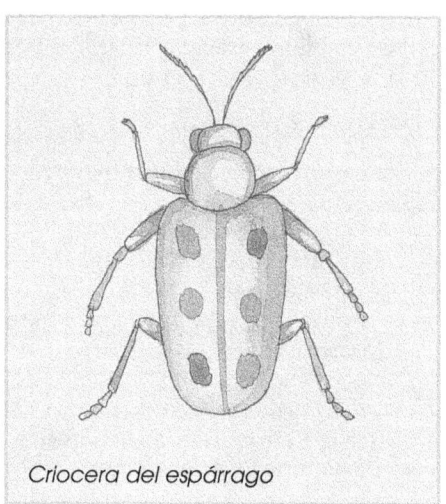

Criocera del espárrago

LAS PRINCIPALES PLAGAS Y ENFERMEDADES DEL HUERTO

manchas marrones. Pone los huevos en la base de las escamas. Las larvas sufren su metamorfosis en el suelo. Los turiones enrojecen, el follaje queda completamente devorado.

LOS MÉTODOS DE LUCHA

- Lucha por técnicas de cultivo y mecánica:
— en verano, recoger las crioceras sacudiendo las plantas;
— en invierno, suprimir y quemar las plantas afectadas.

- Lucha química:
— pulverizar con insecticidas a base de piretrinas de síntesis (tipo bifentrina) u organofosforados (malatión, paratión...).

HONGOS
— Roya* del espárrago

PUERRO

INVERTEBRADOS

Polilla del puerro
Es una mariposa cuya oruga mide unos 10 milímetros, se alimenta de las hojas y después del centro de la planta. Forma parte de las orugas minadoras. Se reconocen sus daños por los agujeros que hace en la planta.

LOS MÉTODOS DE LUCHA

- Lucha por técnicas de cultivo y mecánica:
— proteger los puerros con una malla antiinsectos;
— eliminar a mano las orugas de las plantas afectadas;
— eliminar las hojas invadidas y cortarlas a ras.

- Lucha biológica:
— tratar con un insecticida a base de rotenona o de piretro y renovar la aplicación unos días después;
— también se puede utilizar un preparado a base de *Bacillus thuringiensis.*

- Lucha química:
— efectuar una pulverización con insecticidas a base de clormefós, por ejemplo, o de piretrinoides de síntesis (bifentrina...).

HONGOS

Roya del puerro
Aparecen pústulas rojo-anaranjado sobre las hojas, de varios milímetros, que indican la presencia de este hongo. Aparece en verano después de haber permanecido hibernando. Las hojas palidecen poco a poco.

LOS MÉTODOS DE LUCHA

- Lucha por técnicas de cultivo y mecánica:
— eliminar las plantas afectadas y quemarlas;
— no plantar demasiado denso.

- Lucha química:
— pulverizar con un fungicida de síntesis (maneb, zineb).

CUCURBITÁCEAS

CALABAZA, CALABACÍN

INVERTEBRADOS
— Babosas*
— Trips*
— Aleuródidos*
— Ácaros*

CÓMO DEFENDER EL JARDÍN DE PARÁSITOS Y OTRAS ENFERMEDADES

HONGOS
— Podredumbre gris*
— Oídio*

BACTERIOSIS
— Bacteriosis del pepino

VIROSIS
— Virus del mosaico*
— Virus del pepino

MELÓN

INVERTEBRADOS
— Ácaros*

HONGOS
— Verticiliosis
— Oídio*

VIROSIS
— Virosis transmitida por los insectos picadores y las semillas: sin tratamiento posible si no es suprimiendo las plantas afectadas.

PEPINO

INVERTEBRADOS
— Babosas*
— Trips*
— Aleuródidos*
— Ácaros*

HONGOS
— Podredumbre gris*
— Oídio*

VIROSIS
— Virus del mosaico*

Virus del mosaico
Se observa un empequeñecimiento de las hojas y una deformación de los fru-

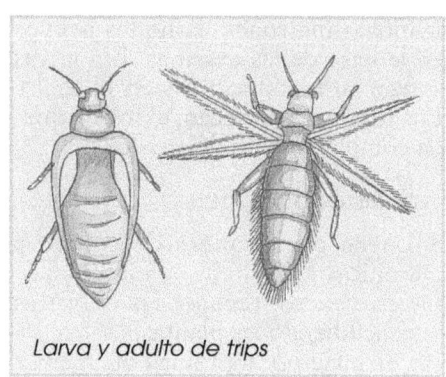

Larva y adulto de trips

tos. El virus se transmite principalmente a través de los pulgones o de los nematodos. Es preciso, pues, luchar contra su propagación.

LOS MÉTODOS DE LUCHA

• Lucha por técnicas de cultivo:
— los métodos de lucha son relativamente limitados, la operación principal consiste en eliminar y quemar las plantas afectadas por el virus;
— de forma preventiva hay que utilizar semillas exentas de enfermedades y desinfectar bien las herramientas (con alcohol, agua con lejía o formol).

FABÁCEAS (LEGUMINOSAS)

GUISANTE

INVERTEBRADOS
— Pulgón verde del guisante*
— Mosquito del guisante*

Oruga cigarrera del guisante
Esta pequeña oruga de color amarillo devora ávidamente los guisantes. Elegir

LAS PRINCIPALES PLAGAS Y ENFERMEDADES DEL HUERTO

preferentemente guisantes de maduración rápida y pulverizar con un insecticida a base de piretrinas naturales.

Gorgojo del guisante
Este coleóptero ataca principalmente a las plantas jóvenes. Durante el periodo sensible pulverizar cotidianamente con un insecticida a base de rotenona.

HONGOS
— Antracnosis del guisante
— Oídio*
— Fusariosis

JUDÍA VERDE

INVERTEBRADOS
— Babosas*
— Pulgón negro de las habas*
— Mosca* de las semillas
— Pulgón* de las raíces

HONGOS
— Antracnosis de la judía
— Roya* de la judía

BACTERIOSIS

Grasa de la judía
Esta enfermedad bacteriana provoca la aparición de manchas de aspecto oleoso sobre las vainas. El follaje se seca. La bacteria se transmite a toda la planta, que muere en pocos días.

LOS MÉTODOS DE LUCHA
— No hay ningún medio de lucha posible. Hay que arrancar o quemar las plantas afectadas y proceder a una larga rotación de cultivos.

VIROSIS
— Virus del mosaico*

QUENOPODIÁCEAS

ACELGA

VERTEBRADOS
— Pájaros*

HONGOS
— Moteado

REMOLACHA

VERTEBRADOS
— Pájaros* golosos por los brotes tiernos

INVERTEBRADOS
— Pulguilla*
— Grillo topo*
— Gusano gris*
— Pulgón*

HONGOS
— Mildiu*
— Moteado
— Podredumbre de los semilleros*

ROSÁCEAS

FRAMBUESO

INVERTEBRADOS
— Antonomo del frambueso
— Gusanos blancos*
— Pulgones*

Gusano de las frambuesas
Este pequeño coleóptero mide entre 3 y 4 milímetros. Hiberna en el suelo y sube a los frambuesos en primavera. Sobre los frutos se detecta la presencia de pequeñas manchas negras y en seguida se observan pequeñas larvas blanquecinas.

CÓMO DEFENDER EL JARDÍN DE PARÁSITOS Y OTRAS ENFERMEDADES

LOS MÉTODOS DE LUCHA

- Lucha por técnicas de cultivo:
— consiste básicamente en recoger los gusanos adultos en el momento de la floración de los frambuesos (sacudir los frambuesos para hacerlos caer).

- Lucha biológica:
— pulverizar después de esta limpieza con un insecticida a base de piretrinas naturales.

HONGOS
— Podredumbre gris*
— Oídio*
— Fusariosis

Antracnosis del frambueso
Enfermedad criptogámica que provoca la aparición de manchas blanquecinas con una aureola roja. Los remedios son simples: aplicaciones de caldo bordelés y supresión de las ramas infectadas.

FRESAL

VERTEBRADOS
— Ratón de campo*

INVERTEBRADOS
— Babosas*
— Otiorrinco*
— Grillo topo*
— Tarsonema o ácaro de los fresales*
— Ácaros*
— Antonomo de la fresa

HONGOS
— Mildiu* del fresal
— *Phytophtora cactorum**

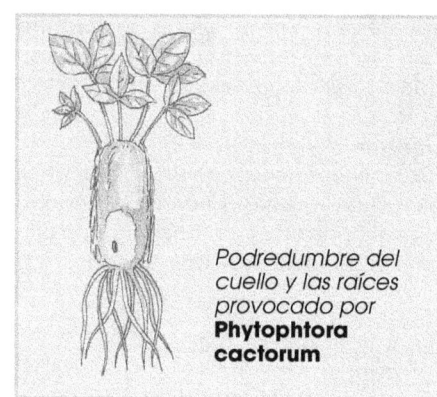

Podredumbre del cuello y las raíces provocado por **Phytophtora cactorum**

GROSELLERO

INVERTEBRADOS

Pulgón del grosellero
(**Aphis grossulariae**)
Las hojas se enroscan y se crispan, después se cubren de pequeñas ampollas verdes y rojas.

LOS MÉTODOS DE LUCHA

En invierno, pulverizar con aceite de parafina para destruir los pulgones que hibernan en las ramas.

> Evitar los pájaros y, especialmente los pardillos, a los que les encantan los brotes tiernos de los groselleros. Será suficiente con asustarlos con tiras de papel de aluminio de colores...¡o habrá que aprender a compartir!

LAS PRINCIPALES PLAGAS Y ENFERMEDADES DEL HUERTO

SOLANÁCEAS

BERENJENA

INVERTEBRADOS
— Aleuródidos*
— Pulgones*
— Eventuales ataques del escarabajo de la patata

HONGOS
— Septoriosis
— Mildiu*

BACTERIOSIS
— Marchitez bacteriana*

Ecarabajo de la patata

PATATA

VERTEBRADOS
— Ratón de campo*

INVERTEBRADOS
— Anguílulas (nematodos)
— Pulguillas*
— Pulgones verdes*
— Gusanos blancos*
— Gusanos de alambre*

Escarabajo de la patata
Se trata de un gran coleóptero amarillo con rayas negras que mide, en edad adulta, aproximadamente un centímetro. Pone sus huevos en el envés de las hojas de la planta de la patata, de la que se alimentarán sus larvas. Estas larvas son de color anaranjado con los laterales punteados en negro. La metamorfosis tiene lugar a varios centímetros bajo tierra. Los adultos jóvenes se alimentan de los tubérculos.
El escarabajo de la patata es un enemigo de los cultivos.

LOS MÉTODOS DE LUCHA

• Lucha mecánica:
— recoger los escarabajos adultos.

• Lucha por técnicas de cultivo:
— no cavar el terreno para favorecer la aparición de una costra superficial que limitará el enterrado de las larvas para realizar la metamorfosis (que tiene lugar en el mes de julio).

• Lucha biológica:
— pulverizaciones a base de rotenona, también en la floración.

• Lucha química:
— pulverizaciones a base de carbaril, maneb, cipermetrina.

Nematodo dorado de la patata
Provoca la formación de nódulos en las raíces que impiden la circulación del agua y de los elementos nutritivos en la planta. Estos nódulos son el resultado de las hembras de

CÓMO DEFENDER EL JARDÍN DE PARÁSITOS Y OTRAS ENFERMEDADES

nematodos que se hinchan para poner centenares de huevos que permanecen vivos durante varios años. Sobre la parte aérea, las hojas amarillean.

LOS MÉTODOS DE LUCHA

- Lucha por técnicas de cultivo:
— quemar las plantas afectadas;
— practicar una rotación de cultivos muy larga (cinco años) antes de poder replantar las patatas en un mismo lugar.

HONGOS
— Mildiu*
— Mal vinoso

Enfermedad del pie negro
Esta bacteria ataca los tubérculos, los tallos y el cuello, y se manifiesta por el ennegrecimiento de los tallos, que se van ablandando poco a poco. Los tubérculos se cubren de manchas pardas. El follaje se torna amarillo.

LOS MÉTODOS DE LUCHA

- Lucha por técnicas de cultivo:
— arrancar las plantas afectadas;
— examinar los tubérculos y no conservar más que los completamente exentos de manchas pardas.

Verticiliosis
El limbo se seca sobre una parte de la planta. El vegetal perece.

LOS MÉTODOS DE LUCHA

- Lucha por técnicas de cultivo:
— destruir las plantas afectadas;
— limitar las heridas que favorecen la penetración del hongo;
— una larga rotación de cultivos;
— no fertilizar el suelo en exceso.

- Lucha biológica:

Esta planta de tomatera tratada con sulfato de cobre se halla en perfecto estado

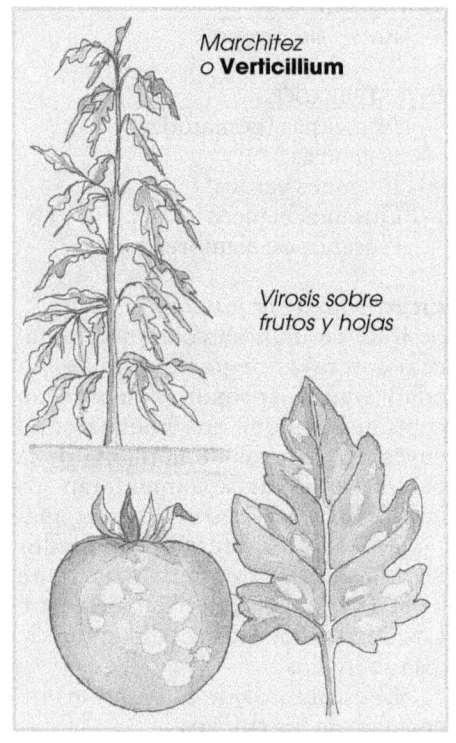

Marchitez o **Verticillium**

Virosis sobre frutos y hojas

LAS PRINCIPALES PLAGAS Y ENFERMEDADES DEL HUERTO

— en los árboles, pulverizaciones de caldo bordelés.

• Lucha química:
— pulverización con un fungicida para desinfectar el suelo.

Agalla de la patata
Son los tubérculos los que se ven afectados por esta enfermedad. La piel se agrieta, se hincha, se forman costras que rebajan la calidad de la patata.

LOS MÉTODOS DE LUCHA

• Lucha por técnicas de cultivo:
— conviene evitar los suelos demasiado calizos y mejorar las características de los arenosos mediante riegos regulares y abono verde.

VIROSIS

Virosis de la patata
Transmitido por los nematodos, este virus ataca los tubérculos, que presentan manchas marrones.

LOS MÉTODOS DE LUCHA

Asegurar una buena rotación de cultivos y luchar contra los nematodos.

TOMATE

INVERTEBRADOS
— Nematodos dorados de la patata
— Pulgones*
— Aleuródidos*
— Cicadelas*

HONGOS
— Mildiu*
— Podredumbre blanca*
— Podredumbre de los semilleros*
— Fusariosis
— Verticiliosis

Necrosis apical de tomate
Se trata de una enfermedad fisiológica provocada por las carencias de diversos elementos nutritivos, sobre todo de calcio, y a una irregularidad en la frecuencia de los riegos. Se manifiesta por el color marrón que adquiere la extremidad de los frutos. Para remediarlo conviene regularizar la frecuencia de los riegos.

VIROSIS
— Virus de la patata*

BACTERIOSIS
— Marchitez bacteriana*
— Enfermedad del pie negro, o pie negro

LAS PRINCIPALES PLAGAS Y ENFERMEDADES DE LOS ÁRBOLES FRUTALES

ACTINIDIÁCEAS

KIWI

INVERTEBRADOS
— Cochinilla* del moral

HONGOS
— *Botrytis cinerea**

CÍTRICOS

INVERTEBRADOS
— Nematodos *
— Ácaros*
— Pulgones*, mucho cuidado con los pulgones ya que son vectores del virus de la tristeza. No dejar de lado la lucha contra esta plaga
— Coma o serpeta*

HONGOS
— Antracnosis
— Podredumbres*

Phytophtoras
Los cítricos son particularmente sensibles a las diferentes *Phytophtora*: *Ph. citrophtora, Ph. palmivora, Ph. parasitica.*

SÍNTOMAS Y DAÑOS

El limbo amarillea, los frutos se reducen y el árbol parece deshidratado. La planta perece rápidamente.

LOS MÉTODOS DE LUCHA

- Lucha por técnicas de cultivo:
— quemar todas las plantas afectadas y proceder seguidamente a una rotación de cultivos y a desinfectar el suelo.

- Lucha química:
— aplicaciones de Aliette.

ROSÁCEAS

INVERTEBRADOS
— Avispa (afecta sobre todo al manzano)
— Araña roja* (afecta sobre todo al manzano)
— Falena invernal de los frutales (afecta sobre todo al manzano)
— Oruga minadora* de las hojas (afecta sobre todo al manzano)

Antonomo o gorgojo del manzano y del peral
Afecta particularmente: al peral y al manzano.
 Estos pequeños coleópteros de aproximadamente 3-4 milímetros, con caparazón marrón y provistos de un rostro, provocan el aborto de los capullos florales. Las larvas devoran el interior del capullo, y los pétalos se secan.

LAS PRINCIPALES PLAGAS Y ENFERMEDADES DE LOS ÁRBOLES FRUTALES

LOS MÉTODOS DE LUCHA

- Lucha mecánica y por técnicas de cultivo:
— evitar la presencia de musgos y de líquenes, que favorecen su proliferación, como refugio para los adultos;

- Lucha biológica:
— pulverizar con un insecticida a base de rotenona o piretro.

Carpocapsa o gusano de la manzana
Afecta: al peral y al manzano.

Se trata de la oruga de una mariposa cuya envergadura es de unos 20 mm. La larva es de color blanco y alcanza el corazón agusanando la manzana. La oruga permanece unos días sobre la superficie de la manzana: es el momento preciso para cogerlas manualmente o para realizar los tratamientos. Los adultos depositan sus huevos sobre las hojas de mayo a julio.

Constatamos la presencia de la carpocapsa por las deyecciones sobre el orificio por el que entra.

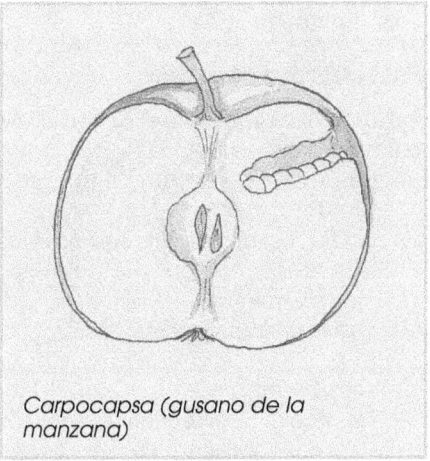

Carpocapsa (gusano de la manzana)

LOS MÉTODOS DE LUCHA

- Lucha por técnicas de cultivo de modo preventivo:
— favorecer la presencia de organismos beneficiosos;
— poner los frutos en bolsas;
— utilizar tiras con liga en el tronco del árbol, para atrapar a los adultos;
— limpiar las heridas y aplicar masilla cicatrizante.

- De modo curativo:
— recoger los frutos agusanados;
— pulverizar con un insecticida a base de piretro antes de que la oruga penetre en el fruto.

Hilanderas o arañuelo del manzano y del ciruelo
Afecta: al manzano y al ciruelo.

Existen numerosas especies de hilanderas que atacan a diferentes árboles frutales: las orugas de estas mariposas son orugas defoliadoras.

A principios del verano (mes de junio), el adulto deposita sus huevos sobre las ramas más jóvenes y los dispone como las tejas de un tejado. Las larvas no penetran en las hojas hasta la primavera siguiente y después salen para construir una especie de nido sedoso al extremo de las ramas jóvenes. En este estado se nutren vorazmente de las hojas del árbol.

LOS MÉTODOS DE LUCHA

- Lucha mecánica y por técnicas de cultivo:
— cortar las ramas afectadas.

- Lucha biológica:
— favorecer la avispa parásita;
— en caso de un fuerte ataque, tratar con una preparación de *Baci-*

CÓMO DEFENDER EL JARDÍN DE PARÁSITOS Y OTRAS ENFERMEDADES

llus thuringiensis o de piretrinas naturales.

• Lucha química:
— pulverizar con insecticida a base de cipermetrina o de bifentrina.

Hoplocampa del ciruelo
Afecta particularmente al ciruelo.

Se trata del enemigo principal de los ciruelos y de los mirabolanos. La hoplocampa negra del ciruelo y la amarilla son mariposas que miden entre cuatro y cinco milímetros. Las hembras ponen sus huevos en el cáliz de las flores. Desde que estos eclosionan y aparecen las larvas, perforan el fruto y lo vacían completamente. Reconocemos fácilmente su presencia por los excrementos que se aglomeran alrededor del orificio de entrada y el fuerte olor a chinche que despide el fruto. Cada larva puede destruir cuatro o cinco frutos antes de tejer un capullo en el suelo. Los frutos adquieren una tonalidad azulada. Las hoplocampas del peral y del manzano causan daños similares, y se reconoce su presencia por las largas cicatrices pardas en la superficie del fruto.

LOS MÉTODOS DE LUCHA

• Lucha mecánica y por técnicas de cultivo:
— favorecer la presencia de pájaros;
— recoger y destruir los frutos caídos.

• Lucha química:
— para tratar con un insecticida, hay que intervenir en el momento en que los huevos eclosionan y aparecen las larvas; después es demasiado tarde. Pulverizar con un insecticida a base de rotenona o de piretrinoides de síntesis.

Oruga o polilla oriental del melocotonero
Afecta: al melocotonero.

En cierto modo, es pariente de la carpocapsa de la manzana. La oruga de esta mariposa parda pone sus huevos a principios de la primavera sobre el envés de las hojas del melocotonero. Cuando eclosionan las larvas, alcanzan las hojas para llegar a las ramillas y excavar una galería. A continuación, se produce un desecamiento progresivo de los brotes jóvenes y una marchitez generalizada.

La segunda generación de orugas atacan a los frutos.

Psila
Afecta particularmente: al peral y al manzano.

Este minúsculo homóptero que mide unos milímetros se parece a una cigala. Pone los huevos en el extremo de las ramas jóvenes, donde pasan el invierno. En primavera, las larvas, aplanadas y de color amarillo, se dirigen hacia el envés de las hojas para alimentarse de la savia. Exudan una melaza muy pegajosa que puede provocar quemaduras en las hojas y la aparición de negrilla.

LOS MÉTODOS DE LUCHA

• Lucha mecánica y por técnicas de cultivo:
— evitar el desarrollo demasiado rápido;
— podar regularmente los árboles afectados, no abonar ni regar excesivamente;
— cortar las ramas afectadas.

• Lucha biológica:
— favorecer la presencia de ciertos depredadores naturales de la psila

LAS PRINCIPALES PLAGAS Y ENFERMEDADES DE LOS ÁRBOLES FRUTALES

como las chinches depredadoras, los sirfos, las mariquitas.

- Lucha química:
— aplicar los aceites sobre los troncos en invierno;
— pulverizar con insecticidas a base de piretriniodes de síntesis desde que las larvas aparecen.

Pulgón ceniciento del manzano
Afecta particularmente: al manzano.

Efectúa su ciclo sobre dos plantas huésped. La primera es el manzano, la segunda el llantén, hacia el que emigra en otoño.

Está cubierto por una materia pulverulenta y blanquecina muy característica. Se coloca principalmente en el envés de las hojas, que se crispan bajo el efecto de las picaduras. Hay que intervenir rápidamente ya que puede impedir el normal desarrollo de las hojas, de las flores y de los frutos que se deforman bajo el peso de las picaduras.

Pulgón lanígero del manzano
Afecta particularmente: al manzano.

De color pardo-marrón está recubierto de largos filamentos blancos, hiberna en la corteza y puede provocar la aparición de chancros.

Pulgón verde del manzano
Afecta particularmente: al manzano.

Deposita sus huevos en otoño, en el extremo de las ramas.

La eclosión se efectúa en primavera: nacimiento de las fundadoras, que se reproducen por partenogénesis e invaden el extremo de las hojas jóvenes. Bajo el efecto de las picaduras, las hojas se enrollan y se secan, debilitando, de este modo, la vitalidad del árbol.

El chancro del cuello y la caída precoz de las hojas del cerezo (en el mes de junio) manifiestan la presencia de una enfermedad criptogámica

Zeuzera
Afecta particularmente: al albaricoquero, al almendro, al cerezo, al membrillo, a la nectarina, al melocotonero, al peral, al manzano y al ciruelo.

Es la oruga de una hermosa mariposa nocturna de alas blancas moteadas de azul. Penetra en la madera por los brotes jóvenes y excava galerías en el interior del árbol. Se reconoce su presencia por el rastro de serrín que queda alrededor del orificio de entrada.

 **CÓMO DEFENDER EL JARDÍN DE PARÁSITOS Y OTRAS ENFERMEDADES**

LOS MÉTODOS DE LUCHA

• Lucha mecánica y por técnicas de cultivo:
— introducir un alambre en las galerías excavadas por las larvas para destruirlas. Ocasionalmente, taponar con masilla de cicatrizar tipo Pelton®;
— podar las ramas jóvenes.

• Lucha química:
— pulverizar con un insecticida a base de piretrinas de síntesis sobre las larvas jóvenes (entre junio y septiembre).

Hongos
— Oídio* (afecta al manzano)
— Chancro* (afecta particularmente al manzano)
— Roya* (afecta particularmente al manzano)

Lepra del melocotonero
(Taphrina deformans)
Afecta particularmente: al almendro, a la nectarina y al melocotonero.

Se reconoce la lepra del melocotonero por las grandes ampollas pardo-rojizas que se forman en las hojas y las crispan. Después las hojas caen, las ramas jóvenes se deforman. El melocotonero se defiende provocando una gomosis. Los frutos presentan pequeñas alteraciones como arrugas.

LOS FACTORES DE PROPAGACIÓN

El tiempo frío y húmedo durante el reinicio de la vegetación después de un invierno suave.

LOS MÉTODOS DE LUCHA

• Lucha biológica y por técnicas de cultivo:
— enriquecer la tierra durante el otoño con compost;
— eliminar las partes muy afectadas y tratarlas con una solución cúprica tipo caldo bordelés desde que la vegetación se inicia y también en otoño.

• Lucha química:
— tratamiento fungicida a base de tiram antes de que broten las yemas.

Mal del plomo
(Stereum purpureum)
Afecta particularmente: al ciruelo.

Este hongo afecta a los árboles frutales y a las rosáceas. Confiere a las hojas un aspecto plateado y alcanza toda la copa del árbol, haciendo perecer al árbol, poco a poco. Antes de llegar a este estado, es necesario eliminar las ramas infestadas a quince centímetros debajo del punto donde se vea que alcanza el hongo. Cubrir las heridas con pasta de cicatrizar y fungicida. Si más de una tercera parte del árbol está invadida por el mal del plomo, hay que tomar una resolución y abatirlo.

LOS FACTORES DE PROPAGACIÓN

El tiempo húmedo es un factor decisivo.

Moniliosis o momificado
Afecta particularmente: al cerezo, al membrillo, al peral y al manzano.

La invasión de este hongo es progresiva en las flores y los brotes, que se tornan pardos y permanecen sobre las ramas. Se instala en los frutos si estos tienen heridas, por pequeña que sea la herida (insectos, pájaros), y los frutos se pudren sin caer. En invierno, veremos las pequeñas pústulas sobre

LAS PRINCIPALES PLAGAS Y ENFERMEDADES DE LOS ÁRBOLES FRUTALES

la corteza. También provoca la aparición de chancros.

LOS MÉTODOS DE LUCHA

Para curar los árboles es necesario, en una primera etapa, suprimir y quemar los frutos, cortar y quemar las ramas infestadas.

- Lucha preventiva:
— proteger los frutos de las picaduras envolviéndolos en pequeñas bolsas especiales para este fin;
— proteger los frutos de las picaduras con un aceite amarillo y efectuar una pulverización de caldo bordelés desde que brotan las yemas. También se pueden realizar tratamientos con un fungicida a base de iprodiona y de vinzoclozina.

Moteado

Afecta particularmente: al peral y al manzano.

Las esporas de este hongo se desarrollan en invierno en las hojas muertas y son, en gran parte, transportadas por el viento. Contaminan los brotes jóvenes que forman pequeñas ampollas.

Sobre las hojas jóvenes se observan manchas de color verde oliva, y en los frutos se pueden apeciar manchas con costras de color negro-pardusco. Si caen numerosas hojas, los manzanos se debilitan.

LOS MÉTODOS DE LUCHA

Conviene quemar las hojas muertas, cortar y también quemar las ramas enfermas.

- Lucha biológica:
— pulverizar con una solución de urea al 5%;
— pulverizar al principio de la floración con un fungicida cúprico o un fungicida de síntesis a base de triforina;
— algunos manzanos, como las variedades «Belle de Boskoop» o «Reinette du Mans», son poco sensibles al moteado.

LAS PRINCIPALES PLAGAS Y ENFERMEDADES DE LAS PLANTAS ORNAMENTALES

ADELFA

INVERTEBRADOS
— Pulgones*
— Cochinilla*

HONGOS
— Podredumbre*
— Chancro*
— Agallas

ALHELÍ

INVERTEBRADOS
— Pulguilla*
— Trips*

HONGOS
— Mildiu*
— Esclerotinia*

ALTRAMUZ

INVERTEBRADOS
— Gorgojo*

HONGOS
— Oídio*
— Podredumbre gris*
— Moteado

VIROSIS
— Rizado

ANÉMONA

INVERTEBRADOS
Las anémonas son muy sensibles a los nematodos de las raíces o de los tallos.

HONGOS

Antracnosis
(Colleotrichum acutatum)
El limbo se deforma, los pecíolos se enroscan, la planta amarillea y muere.

LOS MÉTODOS DE LUCHA

• Lucha por técnicas de cultivo:
— evitar el exceso de agua;
— destruir las plantas enfermas.

• Lucha química:
— pulverizar con mancozeb.

Carbón de la anémona
Unas pústulas voluminosas rodeadas de un círculo rojo o marrón violáceo que aparecen sobre los tallos y las hojas.
Cuando las pústulas se abren, se libera un polvo negro: de aquí el nombre de carbón de la anémona.

Mildiu de la anémona
(Peronospora anemones)
Las hojas se resecan, y las quemaduras negras aparecen. Si el tiempo es

LAS PRINCIPALES PLAGAS Y ENFERMEDADES DE LAS PLANTAS ...

húmedo, un polvo blanco se forma sobre las hojas. La floración queda limitada, incluso se detiene.

LOS MÉTODOS DE LUCHA

• Lucha mediante las técnicas de cultivo:
— evitar regar demasiado el suelo;
— airear el suelo;
— eliminar las plantas enfermas.

• Lucha química:
— utilizar un fungicida.

Oídio
Las hojas se cubren de un polvillo blanco, la vegetación se reduce, la planta se debilita.

LOS MÉTODOS DE LUCHA

• Lucha química:
— utilizar un fungicida a base de azufre.

Roya de la anémona
Las hojas se deforman desde su aparición. En el envés de las hojas aparecen pústulas pulverulentas de color amarillo rodeadas de una membrana blanca. No se da la floración.

LOS MÉTODOS DE LUCHA

• Lucha química:
— utilizar un fungicida.

VIROSIS

Virus del mosaico de la anémona
Este virus se transmite a través de los pulgones.

SÍNTOMAS Y DAÑOS

— mosaico sobre el limbo,
— los pétalos se matizan.

LOS MÉTODOS DE LUCHA
Destruir los ejemplares enfermos.

AZALEA

INVERTEBRADOS
— Gorgojo*
— Aleuródido*
— Cochinilla*
— Trips*

AZUCENA

INVERTEBRADOS
— Nematodos*
— Ácaros*
— Trips*
— Cecidomia*

Criocera de la azucena
Este pequeño coleóptero rojo devora las hojas y los capullos florales.

LOS MÉTODOS DE LUCHA

En el caso de un fuerte ataque, pulverizar con un insecticida cada diez días. Aplicar igualmente un insecticida sistémico granulado en el suelo para combatir las larvas.

HONGOS
— Podredumbre gris*
— Moho azul

VIROSIS
— Virus del mosaico*

Virus de la roseta de las azucenas
Las hojas se agrietan y caen. La azucena no termina su crecimiento.

LOS MÉTODOS DE LUCHA

— Destruir y quemar las plantas.

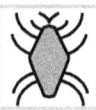

CÓMO DEFENDER EL JARDÍN DE PARÁSITOS Y OTRAS ENFERMEDADES

BEGONIA

INVERTEBRADOS
— Gorgojos*
— Nematodos*
— Tarsonema*

HONGOS
— Podredumbre de las semillas*
— Oídio*

BACTERIOSIS

Enfermedad de las manchas pardas, o de aceite
Enfermedad bacteriana que se manifiesta por la aparición de manchas translúcidas que parten del borde del limbo. La planta florece y muere rápidamente. No hay ningún tratamiento posible. Hay que arrancar y quemar rápidamente todas las plantas que han sido afectadas.
    Consejo preventivo: desinfectar bien las herramientas y los recipientes con una solución de lejía o de formol.

BOCA DE DRAGÓN

INVERTEBRADOS
— Nematodos*
— Gusano gris*

HONGOS
— Mildiu*
— Podredumbre gris*

Enfermedad de las manchas foliares (**Phyllosticta antirrhini**)
Esta enfermedad provoca la aparición de manchas amarillas rodeadas de un borde violáceo. Las hojas se necrosan y caen.

BONETERO

INVERTEBRADOS
— Hiponomeuta
— Pulgón*
— Cochinilla*

HONGOS
— Oídio*

VIROSIS

Virus del mosaico de la glicina
Amarilleamiento de los nervios acompañado por deformaciones del limbo.

LOS MÉTODOS DE LUCHA

Destruir las plantas enfermas.

BREZO

HONGOS
— *Phytophtora* cinnamomi*
— Oídio*

CAMELIA

INVERTEBRADOS
— Cochinilla

HONGOS
— Negrilla

Sclerotinia cameliae
Enfermedad criptogámica que provoca la caída de las flores. Se manifiesta por la aparición de manchas pardas sobre los pétalos.

LOS MÉTODOS DE LUCHA

Suprimir las flores afectadas. La lucha química no es posible.

LAS PRINCIPALES PLAGAS Y ENFERMEDADES DE LAS PLANTAS ...

CORONADOS

INVERTEBRADOS
— Noctuidos*

HONGOS
— Fusariosis
— Oídio*

CRISANTEMO

INVERTEBRADOS
Es muy sensible a los ataques de insectos (psila, chinche, cicadela, pulgón, noctuido, cigarrera, piral, minadora, cecidomia, tijeretas); conviene hacer un tratamiento preventivo.

HONGOS

Septoriosis de los crisantemos (**Septoria chrysanthemi**)
Esta enfermedad criptogámica se manifiesta por las manchas amarillas, que se vuelven pardas enseguida. Las hojas acaban secándose.

LOS MÉTODOS DE LUCHA

• Lucha química:
— tratar pulverizando un fungicida.

DALIA

INVERTEBRADOS
— Pulgón negro*
— Ácaros*

HONGOS

Carbón de las hojas de la dalia (**Entyloma dahliaea**)
Provoca unas manchas aceitosas sobre las hojas que alcanzan el interior de la planta y se vuelven marrón grisáceo. Después, las plantas se secan.

VIROSIS

Ring spot
Este virus afecta a flores de adorno como el clavel, la dalia, la hortensia, y se manifiesta por unas manchas en forma de anillo en las hojas.

LOS MÉTODOS DE LUCHA

Son muy limitados.

ESPINO DE FUEGO

BACTERIOSIS
— Fuego bacteriano*

FRESIA

VIROSIS

Virus del mosaico de la fresia
Este virus provoca la decoloración de las flores, los capullos florales abortan. Aparecen unas estrías sobre las hojas.

LOS MÉTODOS DE LUCHA

Hay que luchar contra los pulgones, vectores de esta enfermedad.

FUCSIA

INVERTEBRADOS
— Aleuródidos*
— Chinche*
— Pulguilla*

Erinosis
Los ácaros tienen preferencia por las fucsias. Manifiestan su presencia por

CÓMO DEFENDER EL JARDÍN DE PARÁSITOS Y OTRAS ENFERMEDADES

una decoloración en las hojas y un moho blanco en el envés.

LOS MÉTODOS DE LUCHA

Hay que pulverizar con un acaricida.

Hongos
— Podredumbre gris*
— Roya*

GERANIO

Invertebrados
— Pulgón*
— Cicadela*
— Aleuródido*
— Tarsonema*

Hongos
— Podredumbre gris*
— Roya*

Virosis

Rizado
Esta enfermedad vírica provoca la aparición de manchas amarillas sobre las hojas, que se necrosan después de deformarse. No hay tratamiento posible.

LOS MÉTODOS DE LUCHA

Hay que quemar las plantas afectadas.

GLADIOLO

Invertebrados
— Ácaros*
— Pulgones*
— Trips*

Hongos
— Esta planta es muy sensible a las enfermedades criptogámicas.
— Podredumbre gris* (*Botrytis gladiolorum*).

Fusariosis
Se observa una desecación progresiva del follaje que se puede generalizar rápidamente.

Moho gris (**Penicillium gladioli**)
Aparece sobre los cormos antes de la plantación. Se forma un moho azul sobre manchas marrones.

Septoriosis (**Septoria gladioli**)
Se observan pequeñas manchas pardo-grisáceas con puntos negros en el centro.

LOS MÉTODOS DE LUCHA

Hay que pulverizar con fungicidas.

GLICINA

Invertebrados
— Cochinilla*

Virosis

Virus del mosaico de la glicina
El amarilleo de las nerviaciones acompaña deformaciones del limbo.

LOS MÉTODOS DE LUCHA

Hay que quemar las plantas afectadas.

GUISANTE DE OLOR

Invertebrados
— Gorgojo*

Hongos
— Podredumbre de los semilleros*

LAS PRINCIPALES PLAGAS Y ENFERMEDADES DE LAS PLANTAS ...

— Mildiu*
— Oídio*
— Antracnosis

HELÉBORO

INVERTEBRADOS
— Nematodos*

HONGOS
— Podredumbre gris*

Enfermedad de las manchas negras del heléboro
(Coniothyrium helebori)
Este hongo provoca la aparición de manchas negras sobre el limbo foliar; sobre ellas se forman pequeñas granulaciones.

LOS MÉTODOS DE LUCHA

Hay que destruir las plantas afectadas y pulverizar sobre las plantas sanas caldo bordelés.

HELECHOS

INVERTEBRADOS
— Gorgojo*
— Cochinilla*
— Nematodo* de las hojas
— Pulgón*
— Trips*

HIEDRA

INVERTEBRADOS
— Ácaros*
— Cochinillas*

HONGOS
Enfermedad de las manchas foliares.

BACTERIOSIS

Bacteriosis de la hiedra
(Xanthomonas hederae)
Sobre las hojas y los pecíolos se forma una mancha translúcida de un color verde pálido.
Aparecen chancros sobre los tallos.

HORTENSIA

INVERTEBRADOS
— Nematodos*
— Ácaros*
— Trips*- Chinche*
— Pulgón*
— Cochinilla*
— Caracol, babosa*

HONGOS

Enfermedad de las manchas foliares de la hortensia
(Septoria hydrangea)
Es un hongo que reconoceremos por la aparición de manchas pardas con pequeños puntos negros en el centro.

LOS MÉTODOS DE LUCHA

Hay que pulverizar con fungicidas (maneb, zineb) y evitar el exceso de humedad.

VIROSIS

Virus del **Ring spot** *de la hortensia*
Formación de manchas amarillas circulares sobre las hojas.

LOS MÉTODOS DE LUCHA

No hay tratamiento posible, hay que eliminar la planta enferma.

CÓMO DEFENDER EL JARDÍN DE PARÁSITOS Y OTRAS ENFERMEDADES

IRIS

INVERTEBRADOS

Falsa oruga de los iris
(**Rhadionocerea micans**)
Las hojas están agujereadas a lo largo de las nerviaciones; esto lo provocan las orugas grises de 15 milímetros.

LOS MÉTODOS DE LUCHA
Pulverizar las hojas con un insecticida.

HONGOS
— Podredumbre gris*

Heterosporiosis
(**Heterosporium gracile**)
Enfermedad criptogámica que se manifiesta por la formación de manchas translúcidas de las que se desprende un polvo negro; la extremidad de las hojas se seca y provoca la muerte de la planta.

Roya del iris
(**Puccinia iridis**)
Este hongo se reconoce por las pústulas pulverulentas sobre la cara inferior y superior de las hojas.

LOS MÉTODOS DE LUCHA
Suprimir las hojas afectadas, aplicar caldo bordelés y completar el tratamiento con un fungicida de síntesis.

BACTERIOSIS
— Podredumbre de las raíces.

VIROSIS

Virus del mosaico del iris
Provoca largas estrías amarillas sobre las hojas y las flores, que se matizan.

LOS MÉTODOS DE LUCHA
Ningún tratamiento es realmente efectivo. Quemar las plantas enfermas y prevenir la aparición de los pulgones, vectores de esta enfermedad.

JACINTO

INVERTEBRADOS
— Ácaros* de los bulbos
— Nematodos* de los bulbos
— Mosca* de los bulbos

HONGOS

Podredumbre gris del jacinto
Sobre el bulbo, entre las escamas, se forma un moho que provoca la muerte de este.

LOS MÉTODOS DE LUCHA
Es imprescindible destruir los bulbos enfermos y proteger los restantes con caldo fungicida.

LAVANDA

INVERTEBRADOS
— Crisomela*
— Cecidomia*

HONGOS
— Podredumbre*

Marchitez de la lavanda
(**Phoma lavandulae**)
Este hongo provoca una desecación general de la planta de lavanda; empieza por los brotes jóvenes.

LOS MÉTODOS DE LUCHA
No hay curación posible. Hay que arrancar la lavanda y quemarla.

LAS PRINCIPALES PLAGAS Y ENFERMEDADES DE LAS PLANTAS ...

LIRIO DE LOS VALLES

INVERTEBRADOS
— Nematodos*
— Criocera del lirio

HONGOS
— Antracnosis

Podredumbre gris del lirio de los valles (**Botrytis paeoniae**)
Este peligroso hongo provoca manchas pardas sobre las hojas. Afecta al conjunto del limbo. Si llueve o el tiempo es húmedo, una podredumbre gris se añade a las manchas. Los esclerocios se distinguen en los tallos. Los botones y las flores se agrietan y caen.

LOS MÉTODOS DE LUCHA

Hay que eliminar los pies afectados y quemarlos. No hay que plantar el lirio de los valles al lado de los tulipanes o las peonias. Tratar los brotes jóvenes susceptibles de ser contaminados con un fungicida a base de tiram.

MADRESELVA

INVERTEBRADOS
— Pulgón*

HONGOS
— Oídio*

VIROSIS
— Virus del mosaico*

MAHONIA

INVERTEBRADOS
— Falsa oruga de las hojas
— Oruga de librea* y noctuidos*

HONGOS
— Roya*
— Oídio*

MAJUELO

INVERTEBRADOS
— Pieris
— Hiponomeuta

HONGOS
— Oídio*
— Roya*
— Moteado

BACTERIOSIS
— Fuego bacteriano*

LUCHA CONTRA EL FUEGO BACTERIANO

El majuelo o espino albar es una especie particularmente sensible al fuego bacteriano; los síntomas deben ponerle alerta. Hay que cortar rápidamente algunas muestras de la planta y enviarlas al servicio de protección de los vegetales más cercanos. El diagnóstico lo realizará un laboratorio de un departamento de patología vegetal e intentarán controlar la epidemia. Si los resultados del laboratorio son positivos, es imprescindible destruir y quemar los vegetales afectados.

NARCISO

Es una especie bastante amenazada.

INVERTEBRADOS
— Nematodos*
— Ácaros*

CÓMO DEFENDER EL JARDÍN DE PARÁSITOS Y OTRAS ENFERMEDADES

Mosca del narciso
Este insecto perjudicial ataca a los bulbos y a las flores. El cuello pudre, los bulbos aparecen manchados.

LOS MÉTODOS DE LUCHA

De forma preventiva sumergir el bulbo en un insecticida diluido y poner un granulado de insecticida sistémico antes de plantar.

HONGOS
— Podredumbre gris*

VIROSIS

Virus del mosaico del narciso
Las hojas de tornan amarillas y las flores se matizan.

LOS MÉTODOS DE LUCHA

Destruir las plantas y luchar contra los pulgones, vectores de este virus.

PENSAMIENTO

INVERTEBRADOS
— Ácaros*
— Orugas*

HONGOS
— Marchitez del pensamiento

PEONIA

INVERTEBRADOS
— Nematodos*

HONGOS
— Podredumbre gris*
— Septoriosis

PETUNIA

INVERTEBRADOS
— Nematodos* de las raíces
— Pulgón*

RETAMA

INVERTEBRADOS
— Pulgón*
— Barrenillos*
— Erinosis* (formación de agallas)

HONGOS

Moteado
Este hongo se manifiesta por las manchas de marrón a marrón claro, las hojas amarillean y llegan a caer. Se trata de una enfermedad bastante grave.

LOS MÉTODOS DE LUCHA

Destruir las plantas y quemarlas; en primavera, pulverizar con un fungicida a base de cobre.

RODODENDRO

INVERTEBRADOS
— Nematodo*
— Gorgojo*
— Cigarrera*
— Cicadela*
— Tigre

HONGOS
— Phytophtora*
— Roya*
— Podredumbre*

LAS PRINCIPALES PLAGAS Y ENFERMEDADES DE LAS PLANTAS ...

ROSAL
Falsa oruga de las hojas

EL CASO PARTICULAR DE LOS ROSALES

Objeto de fascinación de todos los jardineros, los rosales también necesitan una atención especial, ya que son sensibles a numerosas enfermedades y les afectan muchas plagas. Seguidamente veremos las principales afecciones que pueden sufrir.

Se trata de un pequeño himenóptero. La larva devora todo el limbo (salvo el nervio principal). Reconocemos estas orugas por su cabeza negra y el resto del cuerpo verdoso.

LOS MÉTODOS DE LUCHA

- Lucha biológica:
— tratar con piretro o rotenona.

- Lucha química:
— efectuar pulverizaciones de un insecticida a base de alfametrina.

Marsoninna
(enfermedad de las manchas negras)
He aquí una enfermedad criptogámica que provoca numerosos daños, sobre todo en los años de fuertes lluvias. Se manifiesta por la aparición de manchas negras aureoladas de amarillo en las hojas, que luego caen.

LOS MÉTODOS DE LUCHA

- Lucha mecánica y por técnicas de cultivo:
— para evitar la propagación del

Las manchas negras son características de la marsoninna

hongo, recoger la hojas que caen al suelo y quemarlas.

- Lucha biológica:
— a modo preventivo, pulverizar a principios del verano con decocciones de cola de caballo.

- Lucha química:
— pulverizar con un fungicida a base de triforina o de propiconazol;
— como por el oídio, conviene efectuar un tratamiento con azufre.

Megachile
Estas abejas son unas temibles cortadoras de hojas, que recortan con sus poderosas mandíbulas. Utilizan fragmentos de hojas para tapizar la celda

CÓMO DEFENDER EL JARDÍN DE PARÁSITOS Y OTRAS ENFERMEDADES

que forman en la madera vieja. Una sola larva es depositada, después es alimentada con polen y miel. Enseguida la megachile cierra la celda con un último trozo de hoja.

LOS MÉTODOS DE LUCHA

Las megachiles son raramente numerosas y la lucha contra estos insectos no es necesaria. De todas formas, se puede utilizar el ajenjo en decocción (hacer macerar el ajenjo durante veinticuatro horas en un cubo de agua) para hacerlas huir.

Virus del mosaico del rosal
Reconocemos este virus del mosaico por la forma de «hojas de roble» que toman sus hojas. El rosal pierde sus hojas y en los casos extremos, muere.
LOS MÉTODOS DE LUCHA

Para los jardineros aficionados no existen métodos de lucha, si no es la lucha contra los nematodos, vectores de esta enfermedad.

TULIPÁN

INVERTEBRADOS
— Ácaros*
— Moscas*
— Nematodos*

HONGOS
— Fusariosis*
— Podredumbre gris*

VIROSIS
— Diferentes virus

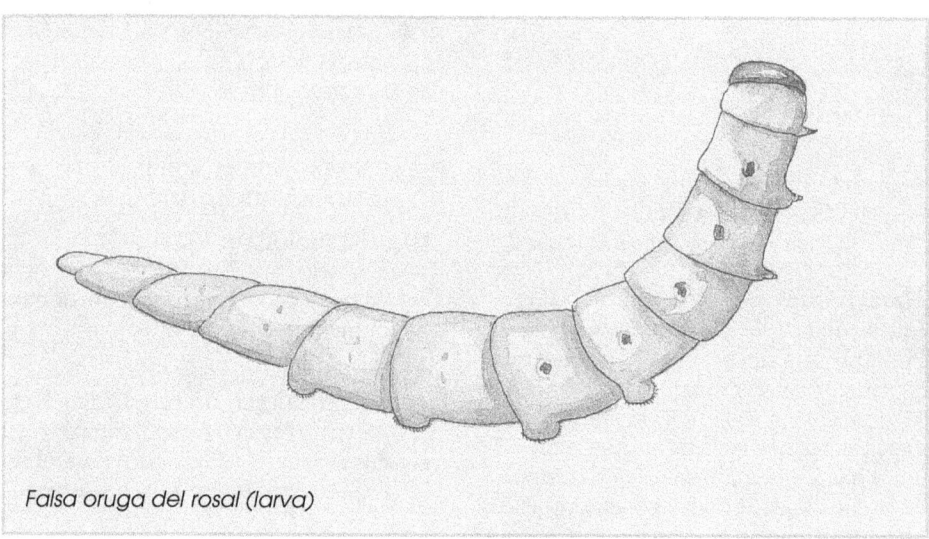
Falsa oruga del rosal (larva)

LAS PRINCIPALES PLAGAS Y ENFERMEDADES DE LOS ÁRBOLES ORNAMENTALES

ABEDUL

INVERTEBRADOS
— Sesia *
— Geómetra*
— Oruga de librea* lanosa
— Barrenillo*
— Cigarrero* (*Byctisus betulae*)

Deporarus betulae
Este coleóptero es un cigarrero de tres a cuatro milímetros, negro, que enrosca las hojas a lo largo y va practicando dos pequeñas incisiones para formar un cucurucho en el que la hembra depositará entre dos y cinco huevos. Su árbol preferido es el abedul, pero esto no impide que se establezca en otros árboles ornamentales como las hayas, los alisos o los avellanos.

LOS MÉTODOS DE LUCHA

Se utiliza la misma técnica que para los cigarreros comunes.

HONGOS
— Oídio*
— Lepra, abolladura (*Taphrina deformans*)
— Escoba de bruja
— Moteado
— Chancro*
— Podredumbre*

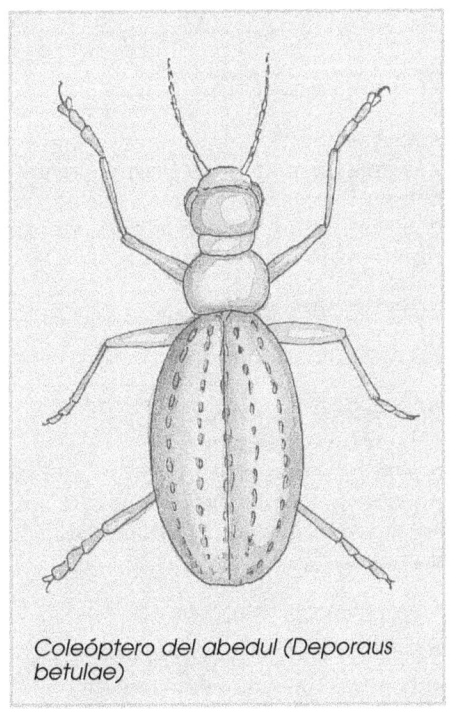

Coleóptero del abedul (Deporaus betulae)

ABETO

INVERTEBRADOS
— Barrenillo*
— Gorgojo*

HONGOS
— Pardeado de las acículas

111

 **CÓMO DEFENDER EL JARDÍN DE PARÁSITOS Y OTRAS ENFERMEDADES**

AGRACEJO

INVERTEBRADOS
— Falsa oruga
— Pulgón*

HONGOS
— Oídio*
— Roya*
— Verticiliosis

ALBIZIA

HONGOS

Fusariosis
Las hojas se marchitan pero permanecen en la planta. Las nerviaciones se vuelven pardas. Se puede observar un fino polvillo de color rosado.

LOS MÉTODOS DE LUCHA

Destruir las plantas enfermas.

Necrosis de las ramas
(**Nectria cinnabarina**)
Sobre las hojas se forman pequeños pulvínulos de color rojo vivo que van acompañados de una descamación de las hojas.

LOS MÉTODOS DE LUCHA

Sacar y quemar las partes afectadas y aplicar un fungicida cúprico.

ALERCE

INVERTEBRADOS
— Cigarrera*
— Oruga de vaina
— Barrenillo*
— Trips*

HONGOS
— Chancro*

Desecación de los brotes
Esta enfermedad criptogámica provoca la caída de las acículas situadas en la base de los brotes.

LOS MÉTODOS DE LUCHA

Pulverizar con un insecticida a base de azufre.

ARCE

INVERTEBRADOS
— Pulgón*
— Cochinilla*
— Noctuido*
— Erinosis*
— Cicadela*: pulverizar con insecticidas
— Geómetra*
— Zeuzera*

HONGOS
— Oídio*
— Chancro*
— Necrosis de las ramas*
— Cercosporiosis
— Enfermedadd de las manchas negras
— Enfermedad del «hollín»
— Antracnosis
— Podredumbres*

AVELLANO

INVERTEBRADOS

Gorgojo
Esta larva de coleóptero se alimenta de la semilla y agujerea la cáscara con un pequeño orificio redondo muy característico.

LAS PRINCIPALES PLAGAS Y ENFERMEDADES DE LOS ÁRBOLES ...

BOJ

INVERTEBRADOS
— Psila* (*Psila buxi*)
— Erinosis*

Cecidomia del boj
(**Monarthopalpus buxi**)
Es una plaga específica que hiberna en estado de larva en las hojas. A principios de mayo, la hembra pone una treintena de huevos que dispone de uno en uno sobre las hojas. Las hojas se abollan y amarillean. Si levantamos la hoja podemos apreciar la larva, de color amarillo anaranjado. A mediados del verano, la larva devora el parénquima de la hoja.

LOS MÉTODOS DE LUCHA

Pulverizar con insecticidas organofosforados.

HONGOS
— Podredumbre*
— Roya*

CARPE

INVERTEBRADOS
— Geómetras*
— Pulgón*
— Oruga de librea*
— Ácaros*

HONGOS
— Oídio*

Moteado del carpe
Se observan manchas blancas sobre las hojas que se van volviendo pardas.

LOS MÉTODOS DE LUCHA

Pulverizar con fungicidas con cobre.

CASTAÑO

INVERTEBRADOS
— Oruga de librea*

HONGOS
— Chancro*
— Oídio*
— Necrosis de las ramas*
— Moteado

Tinta del castaño
(**Phytophtora cinnamomi**)
Se observan heridas negras a la altura del cuello. Hay una degeneración rápida del árbol.
Hay que abatir los ejemplares afectados y quemarlos; avisar a un especialista para desinfectar el suelo.

CASTAÑO DE INDIAS

HONGOS
— Necrosis de las ramas*
— Septoriosis

Moteado del castaño

113

CÓMO DEFENDER EL JARDÍN DE PARÁSITOS Y OTRAS ENFERMEDADES

Moteado del castaño de Indias
(**Guignardia aesculi**)
Esta afección criptogámica se manifiesta por unas manchas amarillas que se tornan de color marrón en verano. Las hojas se enroscan en forma de cucurucho.

LOS MÉTODOS DE LUCHA

Recoger las hojas y quemarlas, efectuar pulverizaciones con caldo bordelés.

CATALPA

HONGOS
— Sensible al oídio*

CHOPO

INVERTEBRADOS
— Sesia*
— Cosus* y zeuzera*
— Gorgojo*
— Cigarrero*
— Oruga de librea* de los brotes
— Minadora*
— Oruga defoliadora
— Falsa oruga
— Pulgón de las agallas*
— Cochinilla*

Gran saperda del chopo
A principios de verano, aparecen los primeros adultos. La hembra pone los huevos en los pliegues de la corteza. La larva se desarrolla durante un par de años. En el exterior del árbol, sobre la corteza, se observan hinchazones sintomáticas, galerías excavadas por las larvas, y alrededor del orificio de entrada, serrín mezclado con savia, testimonio de la presencia de saperdas. Las invasiones de saperdas son nefastas para el desarrollo del árbol: la resistencia al viento se ve disminuida y su crecimiento es menos rápido.

Pequeña saperda del chopo
La hembra excava un agujero en la corteza alrededor del cual roe una zanja en forma de herradura de caballo. Después pone un huevo en una cavidad situada debajo de la corteza. La larva se desarrolla rápidamente entre el líber y la albura del árbol para preparar la metamorfosis.

LOS MÉTODOS DE LUCHA

— Podemos introducir un alambre en el orificio para matar la larva que se halla en su interior.
— Pulverizar con insecticidas a base de piretrinoides desde la aparición de los adultos (mes de junio).

HONGOS
— Roya*
— Podredumbres*

Lepra dorada de chopo
(**Taphrina aurea**)
Muy extendida, es una plaga grave para estos árboles que les hace crecer lentamente, sobre todo los brotes jóvenes. La lepra dorada del chopo se manifiesta por la aparición, desde principios del verano, de abolladuras verdes en el haz y en el envés de la hoja. Durante el periodo vegetativo, las esporas invaden todo el árbol.

LOS MÉTODOS DE LUCHA

Conviene recoger y quemar las hojas secas.

BACTERIOSIS
— Chancro bacteriano

LAS PRINCIPALES PLAGAS Y ENFERMEDADES DE LOS ÁRBOLES ...

CIPRÉS

INVERTEBRADOS
— Ácaros*

ENEBRO

INVERTEBRADOS
— Ácaros*
— Barreno*
— Minadora*
— Cochinilla*

HONGOS
— Pardeado criptogámico
— Roya*

FRESNO

INVERTEBRADOS
— Psila*
— Pulgón lanígero*
— Barrenillo*

HONGOS
— Oídio*
— Chancro europeo*
— Moteado
— Necrosis de las ramas
— Enfermedad del «hollín»
— Antracnosis
— Podredumbres*

HAYA

INVERTEBRADOS
— Cecidomia*
— Capricornio
— Gorgojo del haya
— Oruga de librea*
— Pulgón de las hojas
— Cochinilla*

HONGOS
— Oídio*

Agalla sobre haya

Chancro del haya
Suprimir las ramas afectadas y cicatrizar las heridas con masilla (tipo Pelton o alquitrán de Noruega).

LAUROCERASO

INVERTEBRADOS
— Gorgojo*

HONGOS
— Oídio*

Cribado o **Coryneum**
Esta enfermedad criptogámica se manifiesta por unas pequeñas manchas de color rojo en el envés de las hojas, que dejan lugar a pequeños agujeros que criban las hojas. Estos síntomas van acompañados de la formación de chancros y de gomosis.

LOS MÉTODOS DE LUCHA

• Lucha por técnicas de cultivo:
— suprimir las ramas afectadas;
— recoger las hojas invadidas por el hongo.

• Lucha biológica:
— tratar con una solución a base de cobre o de azufre.

CÓMO DEFENDER EL JARDÍN DE PARÁSITOS Y OTRAS ENFERMEDADES

- Lucha química:
— fungicida a base de tiram.

MIMOSA

INVERTEBRADOS

Cochinilla australiana
Sobre las ramas se observan escudos de color pardo-rojizo sobre un anillo ceroso blanco. Rápidamente la planta degenera.

Psila
Es una plaga de la misma familia que los pulgones. Destacaremos su presencia por las picaduras en el envés de las hojas; estas se deforman y se llenan de negrilla.

HONGOS
— Oídio*
— Chancro*
— Podredumbre*

OLMO

INVERTEBRADOS
— Erinosis*
— Ácaros*
— Barrenillos*
— Galeruca*
— Oruga de librea*
— Geómetra*
— Pulgón* y pulgón de las agallas*

HONGOS

Grafiosis o enfermedad holandesa del olmo
Esta enfermedad recibe este nombre porque hace referencia al lugar donde se la localizó originalmente. Apareció en 1017 y este temible hongo ha sido la causa de la muerte de los olmos en Europa. El responsable de la propagación de esta enfermedad es el barrenillo. Este pequeño coleóptero escolítido pasa su vida larvaria y su metamorfosis en los individuos enfermos que abandona perforando la corteza. Entonces se instala en otros árboles y los contamina —su cuerpo está cubierto del micelio de la grafiosis—. Las hembras del barrenillo llegan después.

Los síntomas de la grafiosis son:
— los orificios de salida son excavados por los barrenillos;
— en periodo vegetativo, las hojas amarillean, el limbo se torna parduzco y se seca;
— el olmo pierde follaje;
— al año siguiente, las hojas son mucho más pequeñas. Al cortar una rama se observa que en el interior aparece una coloración marrón que corta con el color natural del albero del olmo;
— a veces, la corteza revienta.

El árbol está condenado a morir. Este hongo se instala sobre los árboles debilitados por la presencia de galerucas.

LOS MÉTODOS DE LUCHA

- Lucha por técnicas de cultivo:
— se debe regar y abonar el suelo regularmente con un fertilizante a base de potasio y fósforo;
— es imprescindible destruir y quemar los árboles enfermos (cada uno puede llegar a albergar más de trescientas mil larvas de barrenillos).

- Lucha química:
— a pesar de que resulta difícil de aplicar por un aficionado, hay que saber que existen fungicidas sistémicos a base de tiabendazol, por ejemplo, y que se administran inyectándolos al árbol.

LAS PRINCIPALES PLAGAS Y ENFERMEDADES DE LOS ÁRBOLES ...

PINO

INVERTEBRADOS
— Gorgojo*
— Barrenillo*
— Capricornio (coleóptero*)
— Barreno*
— Gusano blanco* del pino
— Crisomela*
— Galeruca*
— Oruga procesionaria
— Esfinge del pino
— Oruga cigarrera de los brotes y yemas
— Cochinilla*

HONGOS
— Podredumbres*
— Roya* de la corteza del pino.

Necrosis de las ramas
Esta enfermedad criptogámica puede ser fatal para el estado sanitario del árbol. Se detecta un amarilleo de las acículas y unas pequeñas manchas negras de forma oval sobre el limbo. En menos de un año, las acículas se tornan rojas y caen. Como numerosas enfermedades criptogámicas, la necrosis de la ramas se desarrolla cuando el tiempo es húmedo.

LOS MÉTODOS DE LUCHA

Hay que eliminar y quemar los sujetos afectados. Utilizar de forma preventiva fungicidas cúpricos en pulverización.

PLÁTANO

INVERTEBRADOS
— Minadora*
— Cicadela*

Tigre del plátano
Los huevos de este heteróptero se colocan en el envés de las hojas. Se observa una coloración amarilla en el haz. El envés queda ennegrecido por unas manchas. Cuando los ataques son graves, las hojas caen y la salud del árbol se ve afectada.

LOS MÉTODOS DE LUCHA

Desde los primeros ataques, pulverizar con infusión de tabaco o con insecticidas a base de nicotina.

HONGOS
— Oídio*

Antracnosis del plátano
Esta enfermedad criptogámica se manifiesta por la aparición de manchas pardas sobre el limbo dispuestas a lo largo de las nerviaciones.
La hoja se reseca. Este hongo está íntimamente asociado a las condiciones meteorológicas: el tiempo húmedo y fresco favorece su desarrollo.

LOS MÉTODOS DE LUCHA

Hay que recoger y quemar las hojas muertas, suprimir los chancros. De forma preventiva, aplicar caldo bordelés; como tratamiento, pulverizar en el brote cuando las hojas ya se hayan desarrollado.

PRUNUS

INVERTEBRADOS
— Minadora*

HONGOS
— Cribado
— Mal del plomo

 **CÓMO DEFENDER EL JARDÍN DE PARÁSITOS Y OTRAS ENFERMEDADES**

VIROSIS
— *Ring spot*
— Virosis anular

ROBLE Y ENCINA

INVERTEBRADOS
— Gusano blanco*
— Barreno*
— Barrenillo*
— Capricornio
— Ciervo volante*
— Cosus*
— Procesionaria*
— Geómetra*
— Oruga cigarrera*
— Minadora*
— Pulgón*

HONGOS
— Oídio*
— Lepra
— Chancro europeo*
— Necrosis de las ramas*
— Moteado*
— Antracnosis
— Podredumbres*

SAUCE

INVERTEBRADOS
— Erinosis*
— Capricornio (coleóptero*)
— Cosus*
— Zeuzera*
— Gorgojo*
— Falsa oruga
— Falsa oruga de las agallas
— Oruga de librea*
— Crisomela*
— Pulgón*
— Cochinilla*

HONGOS
— Oídio*
— Chancro*
— Lepra*
— Antracnosis
— Roya*

Enfermedad de las costras negras (**Rhystisma salicinum**)
En el haz de las hojas detectamos la presencia de costras negras.

LOS MÉTODOS DE LUCHA

Recoger las hojas y quemarlas; pulverizar con un fungicida.

TILO

INVERTEBRADOS
— Ácaros*
— Erinosis*
— Barreno*
— Oruga procesionaria*
— Falsa oruga
— Pulgón*
— Cochinilla*

HONGOS
— Necrosis de las ramas*
— Cercosporiosis
— Antracnosis del tilo

TUYA

INVERTEBRADOS
— Nematodos*
— Ácaros*
— Minadora*
— Pulgón*
— Cochinilla*

Barreno
Hay que tener cuidado porque se pueden confundir los síntomas con

LAS PRINCIPALES PLAGAS Y ENFERMEDADES DE LOS ÁRBOLES ...

los de la *Phytophtora*. Para verificar la presencia de los barrenos, cortar una rama de tuya y practicarle una incisión a lo largo.

Hongos
— *Phytophtora**

Pardeado de las acículas
Enfermedad criptogámica que se manifiesta, como su nombre indica, por la tonalidad parda de algunas hojas.

Puede extenderse luego a numerosas ramas.

LOS MÉTODOS DE LUCHA

Recoger las partes afectadas y quemarlas.

Pulverizar con un fungicida a base de cobre.

Agalla sobre tilo debida a las erinosis y negrilla sobre las nerviaciones

PROPUESTAS PARA UN JARDÍN RÚSTICO

La siguiente lista corresponde a una serie de plantas y arbustos ornamentales que son de fácil mantenimiento y particularmente resistentes a las plagas y a las enfermedades del jardín.

Abelia grandiflora
Acanto
Achilea
Acónito
Agapanto
Ágave
Agerato
Ajedrea
Albahaca
Alquemila
Aneto
Angélica
Arándano
Astilbe
Bambú
Cariopteris
Comino
Convólvulo
Cornejo
Criptomeria
Damasquina
Deutzia
Dicentra
Eremuro
Escabiosa del Cáucaso
Espírea
Esquizanto
Estefanandra
Figelios
Flomis
Fritillaria
Fucsia
Garria
Gipsófila
Gordolobo
Hamamélide
Hemerocallis
Hierba de la pampa
Hinojo
Hinojo de Florencia
Hortensia de invierno
Jara
Kalmia
Kerria del Japón
Kolkwitzia
Lamio
Lantana
Leucoyo
Limnantes
Liquidambar
Litospermo
Madroño
Manzanilla romana
Maya
Mejorana
Melisa
Mímulo
Ornitogalo
Panical
Papiro
Perifollo
Pernetia
Pieris
Piretro
Pitosporo
Poligonato
Polopodio
Potentila arbustiva
Ranúnculo vivaz
Rodgersia
Romero
Romneya
Ruda
Saponaria
Silene
Talictro
Tamarindo
Tomillo
Valeriana roja

ÍNDICE DE PARÁSITOS Y PLAGAS

Las siglas entre paréntesis indican de que tipo de parásito se trata.

B: Bacteria
H: Hongo
I: Invertebrado
Ve: Vertebrado
Vi: Virus

Abejas cortadoras de hojas (*Megachile*)(I), 111
Ácaro (I), 36
— amarillo común (I), 36
Agalla del cuello y las raíces, véase *Crown gall*, 21
— de la patata (H), 94
Alacrán cebollero o grillo topo (I), 39
Aleuródido (I), 40
Alternariosis (H), 84
Anguílula, ver *Nematodo*, 88
Antonomo del manzano y del peral (I), 96
Antracnosis (H), 102
— del frambueso (H), 92
— del plátano (H), 119
Araña roja, (I), 36
Armillaria mellea, véase *Podredumbres*, 26
Babosa (I), 35
Bacteriosis de la hiedra (B), 107
— del pepino (B), 91
Barrenillo (I), 49
Barreno (I), 48
Botrytis, véase *Podredumbre gris*, 30

Caracol (I), 34
Carbón de la anémona (H), 102
— de las hojas de la dalia (H), 105
Carpocapsa (I), 97
Cecidómidos o mosquitos (I), 55
Cercosporiosis (H), 114
Chancro (H), 26
— bacteriano (B), 116
— europeo (H), 117
— del haya (H), 117
Chinche de huerta (I), 45
— del perejil (I), 45
— verde (I), 48
Chinches (I), 45
Cicadela (I), 40
Ciempiés (I), 38
Ciervo volante (I), 46
Cigarrero (I), 48
Cochinilla (I), 43
— algodonosa (I), 43
— australiana (I), 118
Colémbolo (I), 38
Coleóptero (I), 45
Conejo (Ve), 56
Corneja (Ve), 57
Coryneum, véase *Enfermedad del cribado*, 117
Cosus (I), 51
Cribado (H), 117
Criocera de la azucena(I), 103
— del espárrago (I), 88
Crisomela (I), 50
Crown gall (B), 21
Deporaus betulae (I), 113

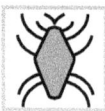 CÓMO DEFENDER EL JARDÍN DE PARÁSITOS Y OTRAS ENFERMEDADES

Desecación de los brotes (H), 114
Díptero (I), 54
Enfermedad del coral (H), 33
— de las costras negras del sauce (H), 120
— holandesa del olmo, véase *Grafiosis*, 118
— del «hollín» (H), 114
— de las manchas pardas (B), 104
Erinosis (I), 37
Escarabajo de la patata (I), 93
Estornino (Ve), 57
Falsa oruga de las hojas (I), 109
— — de los iris (I), 108
Fuego bacteriano (B), 23
Fusariosis (H), 106
Galeruca (I), 49
Geómetra (I), 53
Gorgojo (I), 46
— del guisante (I), 91
Grafiosis del olmo (H), 118
Gran saperda del chopo (I), 116
Grasa de la judía (B), 91
Grillo (I), 39
— topo, véase *Alacrán cebollero*, 39
Gusano blanco (I), 45
— de las frambuesas (I), 91
— del manzano, véase *Carpocapsa*, 97
Gusanos de alambre (I), 47
— grises, véase *Noctuidos*, 53
Hernia o potra de la col (H), 87
Heteróptero (I), 44
Hilanderas (I), 51
— del manzano y del ciruelo (I), 97
Himenópteros (I), 55
Homóptero (I), 40
Hoplocampa de las ciruelas (I), 96
Jabalí (Ve), 56
Lepidóptero (I), 50
Lepra dorada del chopo (H), 116
— del melocotonero (H), 100
Liebre (Ve), 56
Lirón (Ve), 56
Mal del cuello (H), 27
— del esclerocio, véase *Podredumbre del cuello y del tallo*, 30

— del plomo (H), 100
— vinoso, rizóctona (H), 84
Marchitez bacteriana (B), 22
— de la lavanda (H), 108
Mildiu (H), 29
— de la anémona (H), 102
Minadoras, véase *Orugas minadoras*, 89
Miriápodos (I), 38
Moho azul (H), 103
Moniliosis o momificado (H), 100
Mosca del apio, véase *Mosca de la zanahoria*, 84
— del narciso (I), 110
— de la zanahoria (I), 84
Moscas (I), 56
Mosquita blanca, véase *Aleuródidos*, 40
Moteado (C), 101
— (H), 104
— del carpe (H), 115
— del castaño de Indias (H), 115
— del heléboro (H), 107
— la hortensia (H), 107
Necrosis apical del tomate (H), 95
— las ramas *(Nectria cinnabarina)* (H), 114
Negrilla (H), 29
Nematodos (I), 33
— dorados de la patata (I), 93
Noctuidos (I), 53
Oídio (H), 27
Oruga cigarrera (I), 51
— — del guisante (I), 90
— defoliadora (I), 116
— de librea (I), 68
— minadora (I), 96
— o polilla oriental del melocotonero (I), 98
— procesionaria del pino (I), 52
— — del roble y la encina (I), 52
Otiorrinco (I), 47
Pardeado de las acículas (H), 113
Phytophtora cinnamomi, véase *Tinta del castaño* (H), 115
Pie negro (H), 94

ÍNDICE DE PARÁSITOS Y PLAGAS

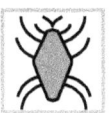

Pieris o mariposa blanca de la col (I), 86
Podredumbre bacteriana de los bulbos (B), 23
— de la cebolla (H), 88
— del cuello y del tallo (H), 30
— gris (H), 30
— — del jacinto (H), 104
— negra, véase *Alternariosis*, 85
— de los semilleros (H), 28
Podredumbres (H), 31
Polilla del puerro (I), 89
Psila (I), 44
Pulgón de las agallas (I), 42
— ceniciento del manzano (I), 99
— del grosellero (I), 92
— lanígero (I), 42
— negro de las habas (I), 41
— verde del manzano (I), 41
Pulgones (I), 41
Pulguilla (I), 48
Rata (Ve), 56
Ratilla (Ve), 56
Ratón de campo (Ve), 56
Ring spot, manchas anulares (Vi), 105
Rizado (V), 106
Roedores (Ve), 50
Rosellinia necatrix, véase *Podredumbres*, 31
Roya blanca de las crucíferas (H), 87
— de los iris (H), 108
— del puerro (H), 89
Royas (H), 28
Saltamontes (I), 39
Saperda pequeña del chopo (I), 116
Sclerotinia cameliae (H), 104
Septoriosis (H), 93
— del crisantemo (H), 105
Sesia (I), 53
Tarsonemas, ácaros de los fresales (I), 37
Tigre del plátano (I), 119
— del rododendro (I), 45
Tinta del castaño (H), 115
Típula (I), 55
Trips (I), 39
Virosis de la patata (Vi), 95
Virus del mosaico de la anémona (Vi), 86
— — de la fresia (Vi), 105
— — de la glicina (Vi), 107
— — de los iris (Vi), 108
— — del narciso (Vi), 110
— — del rosal (Vi), 112
— del pepino (Vi), 90
— *Ring spot* (Vi), 105
— de la roseta de las azucenas (Vi), 103
Xanthomonas hederae (B), véase *Bacteriosis de la hiedra*, 107
Zeuzera (I), 51

EL JARDÍN EN EDITORIAL DE VECCHI

BOFFELLI, E. y G. SIRTORI. *Los 100 errores del jardinero y cómo evitarlos,* Barcelona, Editorial De Vecchi.

BRUNELLI, M. *Cómo defender y curar frutales y hortalizas de plagas y enfermedades,* Barcelona, Editorial De Vecchi.

— *Manual completo de la poda y de los injertos de árboles frutales y ornamentales,* Barcelona, Editorial De Vecchi.

FURLANI PEDOJA, A. *Terrazas y balcones floridos,* Barcelona, Editorial De Vecchi.

— *Las rosas. Guía completa para el cultivo de todas las variedades,* Barcelona, Editorial De Vecchi.

GORINI, F. e I. *El gran libro ilustrado de la poda y de los injertos,* Barcelona, Editorial De Vecchi.

MAINARDI FACIO, F. *Manual práctico del horticultor moderno,* Barcelona, Editorial De Vecchi.

— *Los injertos,* Barcelona, Editorial De Vecchi.

— *El cultivo biológico de hortalizas y frutales,* Barcelona, Editorial De Vecchi.

— *Guía ilustrada de la poda y de los injertos,* Barcelona, Editorial De Vecchi.

ROSSI, G. *El influjo de la luna en los cultivos,* Barcelona, Editorial De Vecchi.

www.ingramcontent.com/pod-product-compliance
Lightning Source LLC
Chambersburg PA
CBHW080545090426
42734CB00016B/3208